AF469609

LUCILE,

OU

LES PROGRÈS

DE LA

VERTU

A FRANCFORT,
&
A LEIPSIG, *en Foire.*

M. DCC. LXIX.

A MADEMOISELLE

* * *

MADEMOISELLE,

J'ÉTAIS jeune, j'arrivais à Paris ; j'avais du gout, peu de lumières, beaucoup de ſenſibilité : d'ailleurs ne connaiſſant pas le théâtre, ni ceux dont les talens y brillent, je ne pouvais qu'attendre, pour aplaudir, que je me ſentiſſe ému : On donne la G.....; j'y cours : une actrice charmante feſait A.....; l'illuſion fut entière : je vis l'amante de

V...; l'actrice avait disparu : Je conservai long-tems un souvenir délicieux de ce spectacle enchanteur : le plaisir de plusieurs mois, c'est à vous, MADEMOISELLE, que je le dus, & l'hommage que je vous rens, est celui de la reconnoissance. Ce motif est le premier ; mais il n'est pas le seul. LE THÉATRE FRANÇAIS est l'école de la vertu ; le spectacle des mœurs, le fléau du vice (*) : Le bon citoyen doit considérer ceux qui s'y distinguent, chérir celles qui le charment & l'instruisent.

(*) *Je ne parle pas des* ridicules : *le genre humain serait à plaindre, s'ils étaient tous détruits : un Sage les nomme* les tyrans de l'opinion : *un autre* le sel de la société. *Quelquefois il se trouve des hommes qui designent leurs vices par ce nom modeste : ils serait alors dangereux de confondre.*

*Vous, par qui les grâces, unies au talent, ont excité tant de fois le divin ſentiment de la tendreſſe, belle *** puiſſe la lecture de ma* Lucile *vous rendre quelques-uns des plaiſirs que vous m'avez donnés! Que d'autres, dans une dédicace, prêtent des vertus au protecteur qu'ils adulent, je ne connais en vous, je le confeſſe, que des apas, de la douceur, un cœur tendre, une âme bienfeſante, jointe à quelque gout pour le plaiſir. Je vous ai vue tour-à-tour A............, Z..............., C................, J........, & toujours également ſeduiſante, vous m'avez retracé la naive & touchante image de la première beauté qui répondit à mes vœux.*

Heureux cent fois l'amant

*que l'enchantement du théâtre n'a fait que préparer à la réalité! qui, rendu chez vous, tête-à-tête, jouit du ſupréme bonheur d'être C.......... aux genoux de L....... .... Mais plus heureux encore celui que vous eſtimez, qui vous honore, & qui reçoit de vous le précieux nom d'ami! Charmante ***, l'amour n'eſt qu'une ivreſſe; l'amitié ſincère & durable mène au bonheur par le plaiſir.*

J'ai l'honneur d'être avec reſpect,

MADEMOISELLE,

Votre très-humble & très-obéiſſant ſerviteur
R. D. L. B.

PRÉFACE.

UNE fille aimable vit heureuse chez ses parens, qui s'avisent de vouloir la marier, sans consulter son cœur : un jeune-homme charmant, qui rend le *prétendu* plus haïssable encore, lui fait tourner la tête & l'enlève : Une duègne adroite place dans le lit d'un Midas une innocente beauté : Un homme revêtu d'une charge qui demande de bonnes mœurs, montre qu'il en a de très-peu régulières : Une jolie femme quitte son mari, pour vivre avec son amant : Ces évènemens qui sont ordinaires, ne deviennent frapans que par les circonſtances qui les accompagnent.

Les faits qui m'ont donné le fonds de cet ouvrage, ont le mérite de ſortir de la règle ordinaire : une jeune perſonne, qu'une ſuite d'imprudences précipite dans le plus affreux danger, & qui l'évite par les moyens même que l'on prend pour conſommer ſa dépravation, offre un tableau nouveau. Je laiſſe aux lecteurs à prononcer ſi j'ai ſu le rendre intéreſſant.

La route que j'ai ſuivie, paraîtra ſingulière : Dans les premiers chapitres, Lucile, bien loin de cheminer vers la vertu, lui tourne le dos : Je crois devoir en donner la raiſon. Si je n'avais fait commencer l'ouvrage qu'à l'inſtant où Lucile redevient vertueuſe, le lieu infâme d'où je la tire aurait ſeul dégouté mon lecteur : j'ai penſé que je devais d'abord intéreſſer en faveur d'une jeune perſonne pourvue de tout ce qui rend ſon ſexe ſéduiſant (*). Il eſt vrai, que j'aurais pu mettre en récit, ce qui précède les progrès de la vertu. Mais, dans un livre amuſant, où la grande règle eſt d'exciter des ſenſations, & de tout ménager pour en augmenter la vi-

---

(*) Une autre raiſon : c'eſt que véritablement nous naiſſons vertueux : j'aurais choqué la vraiſemblance, en introduiſant la jeune perſonne comme vicieuſe : il aurait fallu rétrograder, pour aprendre aux lecteurs qu'elle ne le fut pas toujours. (*Tout eſt bien en ſortant des mains de l'Auteur des choſes : tout dégénère entre les mains de l'homme.*)

vacité, je n'aurais pas si bien atteint mon but, en ôtant au lecteur sa perplexité : il saurait, en lisant le récit, si Lucile a succombé, ou non : dès-lors point, ou très-peu d'intérêt.

J'ajoute, qu'ayant travaillé sur un fonds vrai, j'ai scrupuleusement rendu, sans ajouter ni retrancher une circonstance, les actions qui font honneur à mes héros : Il n'en est pas de même quand leur conduite a quelque chose d'odieux : j'ai taché de la couvrir alors du manteau de la charité : On reconnaîtra par-là, que sous l'habit que je porte, la bravoure, l'humanité, & bien d'autres vertus, vont toujours de compagnie.

TABLE DES CHAPITRES.

Fin de la Table.

LUCILE,

OU

LES PROGRÈS DE LA VERTU.

CHAPITRE PREMIER.

Ce qu'était LUCILE.

UN riche négociant de la province de Bo........ que les bontés du Roi venaient d'annoblir, vivait heureux depuis vingt ans avec la compagne qu'il s'était choisie dès sa première jeunesse : deux aimables enfans étaient le fruit de cette union : l'aîné, garçon hardi & bien fait, prit de bonne heure le parti des armes, & courut dans les pays lointains, chercher la gloire pour l'unir à la fortune : L'autre était de ce ſexe timide, qui conſerve par la douceur les conquêtes de la beauté; ſon nom était *Lucile*; ſon âge, quatorze ans; ſa figure, ſéduiſante; ſon eſprit, flexible & juſte; ſon cœur, droit, tendre & faible. Les ſoins que l'on prit de ſon éducation avaient ajouté des talens à toutes ces qualités; Lucile devint une perſonne accomplie; ſes parens l'idolâtraient. Un accident funeſte la leur va rendre plus chère encore: ce frère téméraire, qui n'avait pas craint de quitter les foyers paternels, pour aller ſervir dans les déſerts ſauvages du nouveau monde, vit d'abord ſon audace couronnée par le ſuccès; ſon mérite & ſa valeur le mirent ſeuls à la tête d'une compagnie; mais ces nouvelles favorables eurent à peine répandu la joie dans ſa famille, que d'autres leur ſuccédèrent; on apprit que le nouveau capitaine, emporté par ſon courage, avait diſparu dans une bataille.

A ce coup du ſort, le premier malheur qui, juſqu'alors, eût troublé la vie douce & tranquille des parens de Lucile, leur douleur fut extrême. L'aimable fille eut ſeule le pouvoir de la modérer. Elle ſe montrait ſi tendre, ſi ſenſible, qu'ils ceſſerent de s'affliger pour ne pas la deſeſpérer. Qu'un ſi bon naturel augmenta leur attachement ! ils ne s'occupaient que des moyens de lui prouver leur amour. La jeune perſonne, qui n'avait jamais reçu de leur part que des careſſes, répondit comme elle le devait à leurs bontés. Devenue par la perte de ſon frère, un parti conſidérable, elle pouvait ſatisfaire également le gout & l'intérêt. Dans toute la ville d'A... il n'y avait qu'une ſeule voix pour louer Lucile : tous les parens enviaient le bonheur de ceux de Lucile ; tous les jeunes-gens deſiraient de toucher le cœur de Lucile ; toutes les jeunes filles en étaient jalouſes.

CHAPITRE II.

Faute énorme des parens de LUCILE.

PARMI les ſoupirans que les attraits naiſſans de Lucile fixaient ſur ſes pas, un entr'autres ſe diſtinguait par l'ardeur de ſa pourſuite. C'étoit un mâgot d'environ vingt-cinq ans, enfant unique, gâté par Madame ſa mère, veuve noble, riche, avare par caractère, prodigue ſeulement pour ce cher fils. Du reste, *Fisiomon* (c'est ainsi qu'il se nommait) était de la première famille du canton, & pourvu de la principale charge dans la robe. Il pressa sa mère de demander pour lui la jeune & belle Lucile. Madame de Fisiomon, quoique beaucoup plus riche & d'un rang plus élevé, était aussi sensible à la gloire d'avoir Lucile pour bru, que son fils était empressé de l'obtenir pour femme. Dès le jour même elle se rendit chez Monsieur *de Fumeterre*, (c'est le père de Lucile) elle propose son fils. Le parti était avantageux, il fut accepté. On ne présuma pas même que Lucile, si jeune encore, pût avoir un gout formé. On s'engagea sans la consulter.

Si les avantages de la fortune semblaient rendre Fisiomon digne de Lucile, en considérant la figure & les mœurs, il eût été le dernier sur lequel on aurait dû jeter les yeux. Il était noir, maigre, petit, mal fait, brutal, ivrogne, & se livrait quelquefois à la plus sale débauche. Lucile était blonde : ses beaux cheveux étaient si touffus, qu'ils l'eussent couverte toute entière ; ses grands yeux bleus avoient une douceur enchanteresse ; sa bouche était petite ; ses lévres vermeilles ; son sourire, fin & gracieux ; sa gorge d'albâtre commençait à ſoulever la gaze légère qui la couvrait : ſa main potelée, ſes bras arrondis étaient d'une blancheur de lait : elle était aſſez grande, bien taillée ; avait la jambe fine, & le pied le plus mignon que l'on pût voir.

Fiſiomon obtint de venir ſouvent : la première fois que Lucile le vit de près, avant qu'on l'eût inſtruite de ſes vues, elle reſſentit pour lui toute la haine qu'il méritait. Elle diſait quelquefois au jeune *Dangeot*, commis de ſon père, (& c'était le plus beau garçon du monde que ce Dangeot ; fait au tour, brun, un teint délicat, des yeux pleins de douceur) elle lui diſait. ——Que je plains la jeune fille qu'on doit ſacrifier à ce monſtre de Fiſiomon ? Au bout de quelques jours, elle apprit que c'étoit elle-même Pour décrire quel fut ſon deſeſpoir, combien elle verſa de larmes, il faudrait être fille, avoir un Fiſiomon à épouſer, & brûler pour un amant aimable comme Dangeot.

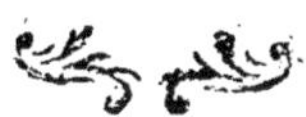

CHAPITRE III.

Démarche à laquelle on ne s'attend pas.

QU'ON se peigne un garçon d'environ dix-huit ans, d'une famille pauvre, mais honnête ; élevé dans la capitale ; qui joint à la figure que j'ai dit, cet air vif, agréable qu'on acquiert à la Ville, & qui plaît si fort aux femmes : qui de plus était instruit, tournait joliment des vers ; parloit à tort à travers Philosophie & religion ; disait du mal des Moines, s'attendrissait jusques aux larmes sur le sort des religieuses : tel était Dangeot, le plus charmant, le plus raisonnable jeune-homme de la ville, & peut-être de la province. Lucile ne fut pas insensible à tant de mérite : elle compara le séduisant commis avec Fisiomon ; le résultat ne pouvait-être en faveur du dernier ; elle crut aimer Dangeot ; elle en était chèrie, & tous deux jurèrent qu'elle n'épouserait pas Fisiomon.

Mais Monsieur & Madame de Fumeterre, avoient juré qu'elle l'épouserait. Ils ne regardérent la petite répugnance de leur fille, que comme un enfantillage : on fit les préparatifs ; on fixa le jour : dans trois semaines Lucile devait être la compagne de Monsieur de Fisiomon. S'affliger, se desespérer, on l'avait fait, & cela n'avait de rien servi. —— Ah Dangeot ! que je suis malheureuse, disait huit jours avant son mariage la jeune Lucile à son amant ! mes parens, qui toujours furent si tendres, aujourd'hui sont insensibles à mes larmes : ils me regardent comme une enfant, dont le cœur & l'esprit s'accoutumeront au sort qu'on me prépare...... Je suis résolue de tout faire pour l'éviter : je vais me jeter aux genoux de ma mère, lui dire que je mourrai plutôt que de souffrir qu'on m'unisse à ce que je hais. Dangeot lui conseilla de tenter ce moyen. Quoiqu'il aimât, & qu'il fût aimé, jamais, il n'avoit conçu le plus petit rayon d'espérance d'être, en qualité d'époux, à l'objet de sa tendresse : un autre motif le guidait : c'était la pure, la tendre amitié. Lucile courut dans l'appartement de Madame de Fumeterre ; elle pleura, gémit, cria..... & n'obtint rien. Les parens de Lucile se fussent crus les plus grands ennemis de leur fille, si dans cette occasion, ils ne l'eussent contrainte ; ils n'étaient cruels que par excès de tendreſſe : il eſpéraient qu'un jour elle leur en ſaurait gré. C'eſt ainſi qu'on eſt fait dans la province : on a l'ame forte : dès que l'*intérêt* & l'*honneur* parlent, on fait impoſer ſilence à la nature, à l'amour, à l'amitié, à l'humanité même. Les paiſibles habitans de la vaſte & moderne *Syares*, gens puſillanimes, efféminés, écoutent quelquefois tout cela, ſur-tout depuis quelques années : hélas ! c'eſt ainſi que tout dégénère !.... Lucile ne prit plus conſeil que de ſon deſeſpoir & de Dangeot : elle lui déclara qu'elle voulait fuir, ou mourir. L'alternative ne fit pas un moment balancer le jeune-homme, quoiqu'il n'ignorât pas à quoi l'on s'expoſe, en accompagnant *incognito* une fille, plus jeune, plus riche, & d'une condition plus relévée, à cinquante lieues de la maiſon paternelle.... Mais laiſſer mourir Lucile !..... Dangeot ne pouvait ſoutenir cette idée : il eût cru ſe rendre coupable de ſe faire preſſer ; il promit de ne la pas abandonner, de la guider. — A douze ans, lui diſait-il, ma mère m'a raconté qu'on voulut lui faire épouſer un homme laid comme Fiſſomon : elle s'enfuit auſſi : mon père l'accompagna.... Je voudrais bien lui reſſembler ; car il épouſa ſa jeune maîtresse : il n'en fut que cela ; mais avec moi, qu'en fera-t-il ?....

De son côté, Lucile trompa ses parens : elle feignit de se rendre, demanda de l'argent, des bijoux. On fut trop heureux de croire qu'on allait l'éblouir à ce prix. On lui donna plus qu'elle ne paraissait desirer. Un soir Lucile voulut sortir pour prendre le frais : une chaise & des chevaux préparés par Dangeot, attendaient sur la route ; la promenade ne se termina qu'à Paris.

Grande rumeur chez Monsieur de Fumeterre, quand on ne vit pas revenir Mademoiselle Lucile. On alla chez tous les parens, tous les amis ; on ne l'y trouva pas. Dans ce tumulte on ne songeoit pas seulement à Dangeot : mais le lendemain, lorsqu'il ne parut point, l'on se douta de tout. Monsieur de Fumeterre, embrasse son épouse desespérée, & vole sur les traces des fugitifs : ils avaient douze heures d'avance, il ne put les atteindre. Le père de Lucile arriva dans la capitale bien fatigué, fort en colère, & très-affligé

CHAPITRE IV.

LUCILE à Paris.

HÉLAS! quelles ſuites peut avoir une imprudente démarche!..... Arrivés à Paris, Lucile & Dangeot ſe logèrent en chambre garnie à la *nouvelle-halle*. La haîne, & non l'amour avoient fait fuir la jeune de Fumeterre : elle ne ſongeoit pas même aux droits qu'elle donnait ſur elle. Tout s'était paſſé, pendant la route, avec la plus grande décence; l'amant était délicat, & d'ailleurs il...... (mais il n'eſt pas encore tems de le dire) l'amante ne connaiſſait de l'amour que les doux propos, les tendres regards; lorſqu'une *ſéyante* pudeur venait l'embellir, elle ne rougiſſait que du mot, elle ne connoiſſait pas encore la choſe. Ils ne changèrent pas de conduite dans la capitale : Lucile occupa la plus belle pièce de leur petit appartement : Dangeot, un cabinet, ſéparé par une cuiſine de la chambre de ſa maîtreſſe. Ils furent un mois ſans ſortir de chez eux : c'était le moyen de ne pas être découverts. Mais au bout de ce tems, l'inquiétude de Lucile obligea Dangeot à se hazarder un peu le soir, pour s'informer de ce que l'on pensait d'eux : si Monsieur & Madame de Fumeterre fesaient encore des démarches pour les trouver; & sur-tout, Lucile voulait savoir, si son évasion n'avait point été préjudiciable à leur santé. Pour la tranquilliser, il fallut s'ouvrir à un ami : celui-ci ressemblait à beaucoup d'autres, c'était un traitre : pour s'excuser, il disait qu'en celant un crime, on s'en rend complice, & beaucoup d'autres choses dont les mauvais cœurs savent abuser.... Mais nous n'avons pas dessein d'examiner ici ce cas de conscience.

Le perfide confident n'alla pas loin pour instruire Monsieur de Fumeterre : il n'avait pas quitté Paris, & s'épuisait en recherches. Fisiomon était avec lui. Lucile avait tant d'attraits pour le Président, qu'il consentait encore à l'épouser, pourvu qu'on la retrouvât bien vite. La nouvelle qu'on avait découvert sa retraite, lui causa des transports de joie difficiles à modérer. Il en avait deux sujets également chers à son cœur : l'indicible plaisir de posséder Lucile, de l'humilier, de voir couler ses larmes, de la tenir dans une éternelle dépendance s'offrait à son imagination, & flattait sa brutalité : l'autre qui n'était pas moins doux, & non moins desiré, c'était de faire pendre Dangeot. En un clin-d'œil le beaupère & le prétendu gendre volent à la nouvelle-halle. Ils eurent bientôt trouvé la maison : ils s'adressent à l'hôtesse, bonne femme, s'il en fut jamais, compâtissante, honnête. L'air émû de Monsieur de Fumeterre, la joie maligne que Fisiomon ne pouvait cacher, des menaces qui lui échapaient, firent connaître à la bonne hôtesse, que la visite qu'on allait rendre à ses locataires ne leur serait rien moins qu'agréable. Elle était contente d'eux, &, sans pénétrer plus avant, la bonne intelligence qui règnait dans le petit ménage, la modestie de Lucile, les complaisances de Monsieur Dangeot l'avaient édifiée. Tandis qu'on s'informait, qu'on nommait, qu'on dépeignait ceux qu'on voulait voir, elle eut le secret de les faire avertir. Fisiomon, éclairé par l'amour & par la vengeance, conçut quelque soupçon. Il s'était fait escorter : il a l'œil à tout. Ces mots terribles : *Un vieillard, un bossu vous demandent*, venaient de porter le desespoir & l'épouvante dans l'ame des deux amans : Fisiomon laisse Monsieur de Fumeterre avec l'hôtesse, qui temporisait toujours, &

monte. Lucile s'était ſauvée chez une voiſine ; Dangeot s'échapait par l'une des deux iſſues de la maiſon : ſon cruel rival entrevoit un homme qui fuit; il ne le reconnaît pas, mais il le fait pourſuivre : le malheureux voit ſa perte aſſurée ; il veut que du moins elle coûte cher : il tire ſon épée, & ſe défend : les lâches reculent : Fiſiomon s'avance, & tranſporté de fureur à la vue de ſon ennemi, il encourage ſes ſatellites, crie *à l'aſſaſſin*, & ſe garde bien d'approcher. Dangeot, embarraſſé par la foule eſt pris & deſarmé. Fiſiomon alors l'aborde en triomphant, & l'accable d'injures : l'infortuné jeune-homme ne répondit que ces mots : *Tu n'oſais pas, il n'y a qu'un moment, me parler de ſi près.*

On ramène Dangeot dans la maiſon : en le voyant, la triſte hôteſſe s'évanouit. On vole à l'appartement que les jeunes amans avaient occupé : Lucile eſt diſparue, on la cherche en vain; tandis qu'on pourſuivait Dangeot, elle était ſortie par l'autre rue, & s'était éloignée au hazard.

CHAPITRE V.

Rencontre malheureuſe.

LUCILE avait un air de frayeur & d'embarras qui frapait : des larmes, qu'elle ne pouvait retenir, s'échapaient le long de ſes joues. Après un trajet fort court, elle ſe trouva dans le quartier le plus brillant de la capitale. Les jeunes étourdis s'arrêtaient pour la faire paſſer devant eux : les femmes, qui la croyaient déja dans la fange, diſaient, *Quoi ! ſi jeune !* les hommes raſſis brûlaient d'envie de la conſoler, & peut-être ne fût-elle pas allé loin encore, ſans que quelqu'un le lui eût offert.

La timide Lucile, étourdie des ſots propos des petits-maîtres, honteuſe de l'air mépriſant des femmes, ſe confondit, ſans ſavoir où elle allait, avec la foule qui entrait au *palais-royal.* Une petite femme, ronde, potelée, dont les regards hardis & pénétrans euſſent fait rougir un *gendarme*, traverſait la ſeconde cour. Elle apperçoit Lucile, & lit dans ſon cœur. Elle l'aborde, en affectant un air de bonté. — Mademoiselle me paraît étrangère? — Hélas! oui. — Mademoiselle cherche aparemment quelqu'un, ou s'est égarée dans un quartier qu'elle ne connaît pas? — Non, Madame.... Un grand soupir suivit. — Je vous offre mes services : où voulez-vous aller? — Je ne sais..... — Comment!.... Je vous le répète, je vous offre mes services, un azile...... — Un azile!... Ah! mon père & Fisiomon sauront bien m'y trouver. — Oh! non, je vous en assure : vous n'aurez qu'à me les désigner, & je vous réponds qu'ils ne vous verront jamais. — Se pourrait-il! ah! Madame, par quel bonheur vous ai-je trouvée!...... Mais, qui peut donc vous intéresser au sort d'une infortunée qui, sans vous, n'aurait su que devenir? — On n'est pas turc; on a un cœur....... & puis, vous savez travailler, sans doute; vous ne serez pas à charge..... Si vous ne savez pas, on vous montrera. — Que ne vous devrai-je point!.... On m'avait bien dit, que, dans cette ville immense, il se trouvait de bonnes âmes, dont les vertus compensaient le mal qu'y commettent les méchans. — C'est un trésor! s'écria par distraction l'obligeante *Courton*.... Ma fille, allons chez moi; vous me conterez votre histoire : ſoyez ſûre que je vous tiendrai lieu d'une mère tendre & affectionnée. Lucile & la dangereuſe bienfaitrice gagnèrent une petite rue proche de là. Tout offrit, aux yeux de l'innocente, l'aſpect d'une maiſon règlée & tranquille. Sa conductrice ſonna ; on ouvrit une première porte : au milieu du paſſage, on était arrêté par une grille : une eſpèce de tourrière ſe fit quelque tems attendre ; enfin on la vit paraître : en apercevant ſa maîtreſſe & la jolie proie, elle dit : *Ah ! c'eſt Madame.* Ces mots firent concevoir à la jeune perſonne, que ſa protectrice était la maîtreſſe de la maiſon. Elle fut conduite ſur le champ dans un bel appartement au premier. Les croiſées ſur la rue fermaient à clef, & les ſtores étaient baiſſés en tout tems.

Ce fut dans cette retraite, où l'on ne recevait qu'un jour *tendre*, que la belle affligée fit le récit de ſes malheurs. L'article de l'enlèvement épouvanta la Courton : mais elle ſe raſſura bientôt : l'innocence de Lucile était entière : elle ſut s'en convaincre.

Cette aſſurance lui rendit toute ſa joie, & les eſpérances pompeuſes qu'avait fait naître la beauté de Lucile à la première vue. La jeune perſonne fut chérie, choyée, careſſée :

caressée ; on prevenait ses moindres desirs. On sut la consoler de la perte de son amant : on en donnait de fausses nouvelles ; on le dit tour-à-tour, sensible, refroidi, perfide ; & l'on parvint à le faire oublier. Au bout de quelques jours on fit venir un maitre à danser. Il ne trouva rien à montrer à Lucile. Elle déploya devant lui plus de grâces qu'il ne pouvait lui en donner. Nouveaux transports, pour la digne maman ; qui redoublèrent encore, lorsque Lucile ajouta qu'elle savait la musique, jouer de la vielle, & toucher du clavessin. Les vues s'agrandirent. —Tudieu ! disait en elle-même l'infâme corruptrice, voici pour faire une fortune tout d'un coup ! Elle avait d'abord destiné la jeune fille pour un vieillard voluptueux, qui payait généreusement ; mais dans ce moment, elle fut assez raisonnable, pour sentir que ce serait un crime affreux & irrémissible de prostituer tant d'appas au vieux comte, dont le souffle impur & la santé douteuse allaient en ternir l'éclat. Elle résolut de ne pas se presser, de cacher soigneusement Lucile à tous les yeux, & de mettre cette jolie personne dans le cas de la protéger elle-même un jour, en lui inspirant de la reconnaissance.

CHAPITRE VI.

Trait de générosité.

FISIOMON était au desespoir de ce qu'on ne trouvait pas Lucile. Monsieur de Fumeterre, en voyant les habits dont il prit autrefois tant de plaisir à parer sa fille, sentit renaître toute sa tendresse : il se rapela qu'il avait causé son malheur par une injuste contrainte : il s'assit, & pleura, en baisant mille fois un portrait de cette chère fille, qu'il avait fait tirer, lorsqu'elle était encore enfant. Si, dans ce moment, Lucile était venue se jetter aux genoux de son père, il oubliait tout, la mariait peut-être avec..... Avec Dangeot ?.... Non : mais avec un autre, qu'on n'eût pas eu de peine à trouver, & Fisiomon aurait eu un pied de nez. Mais si les hommes les plus sages font dans la maturité des pas de clerc, une fille de quatorze ans & demi est bien excusable d'avoir fui le sort le plus affreux, qui, selon toutes les apparences, allait l'accabler.

On prétendit que Dangeot savait ce qu'elle

était devenue. On lui fit les plus horribles menaces, s'il n'indiquait ſa retraite. Le malheureux, dans ce moment, trembla, non pour lui-même, mais pour ſa chère Lucile. Il l'adorait; ſon cœur, plus formé que celui de ſon amante, connaiſſait tout le prix de celle qui l'avait charmé : au lieu que Lucile, trop jeune encore, n'avait éprouvé que les avant-gouts d'une paſſion, qui probablement ſerait devenue ſolide & durable. Il oublie ſes maux; il ne ſonge qu'à Lucile : mille horreurs s'offrent à ſa penſée, dont la moindre était de la voir tomber entre les mains de Fiſiomon; & celle-là pourtant eût ſuffi pour le deſeſpérer. —O! vous, s'écria-t-il (ſans répondre à ceux qui l'interrogeaient) dont la chaſte innocence ne pouvait trouver un meilleur gardien que moi, divine Lucile, qu'êtes-vous devenue? En quelles mains allez-vous tomber? Fille adorable, digne du reſpect de tout l'univers, que ne peut tout mon ſang verſé, vous remettre dans les bras de votre père, & vous ſauver également de périls qui me font frémir, & du malheur d'être à Fiſiomon!...... Monſieur, ajouta-t-il, en s'adreſſant au père de Lucile, n'épargnez rien pour la retrouver; elle ne ſaurait être loin; que l'on courre, que l'on cherche par-tout ; désignez-la ; volez, & tâchez qu'elle ne passe pas une nuit loin de vous. Lorsque je la saurai en sureté, prenez alors ma vie que les loix vous abandonnent ; je n'en murmurerai point : ah ! dans cet instant, ce que j'éprouve est bien plus cruel que la mort. Et ses larmes coulèrent abondamment. Fisiomon profita de l'avis ; obtint des ordres, fit d'exactes perquisitions ; le tout en vain : il ne lui resta plus que sa vengeance à satisfaire. Il voulut faire traîner Dangeot en prison : Monsieur de Fumeterre, accablé de douleur, ne songeait pas à punir : il éloigna Fisiomon, reprit les bijoux qu'avait emporté sa fille, laissa l'argent à l'infortuné Dangeot, & lui dit : — Fuis, malheureux, tandis que tu le peux encore : ta mort ne me rendrait pas celle que tu m'as ravie : va, je te laisse à tes remords : souviens-toi que je t'ai voulu du bien, & quelle en fut ta reconnoissance..... Dangeot embrassait ses genoux, & fondait en larmes. Monsieur de Fumeterre lui ordonna de s'éloigner pour jamais de sa présence : il ne lui donna qu'un jour pour sortir de Paris, après lequel il lui notifia qu'il ne s'opposerait à rien de ce que Fisiomon voudrait faire.

En quittant Monſieur de Fumeterre, Dangeot fut tenté de terminer tout-d'un-coup une vie malheureuſe : l'eſpoir d'être utile à ſon amante, le ſoutint : il ſe cacha dans un quartier éloigné, & revenait la nuit *déguiſé*.... non, l'expreſſion n'eſt pas propre...... *habillé* en femme, s'informer de Lucile à la ſenſible hôteſſe, qu'il mit dans ſa confidence : Mais leurs ſoins, & les peines qu'ils ſe donnèrent furent auſſi peu ſuivis du ſuccès, que les recherches multipliées de Fiſiomon & de Monſieur de Fumeterre. Au bout de quelque temps, l'hôteſſe aprit que les deux bourguignons s'en étaient retournés à Auxerre, l'un accablé de douleur; l'autre pis qu'enragé. Cette femme & Dangeot furent alors dans la ferme perſuaſion que Lucile au deſeſpoir s'était précipitée dans la *Seine*. Ils la pleurèrent. Pour trouver bientôt la fin d'une vie que le ſouvenir du malheur de Lucile empoiſonnât, Dangeot s'engagea, paſſa dans les îles, & l'on n'entendit plus parler de lui.

CHAPITRE VII.

Bienfaits dangereux.

VOTRE Lucile, me dira-t-on, jufqu'à préfent eft vertueufe.... Plaifante vertu, en vérité ! Avant quinze ans, avoir défobéi, s'être fait enlever, vivre fans fcrupule avec un jeune-homme dont on paffe pour la femme..... Non, Lucile n'était plus vertueufe : & fi fa pudeur n'avait point encore reçu d'atteintes, c'eft à celui qui fit pour elle le perfonnage d'amant, qu'en-eft tout le mérite. Cependant, je conviens que fon ame était innocente : mais dans un moment, elle va ceffer de l'être.

La réflexion que je viens de faire n'échapa pas à celle que Lucile regardait comme fa protectrice & une feconde mère. — Il faut de la hardieffe & une certaine force d'efprit, fe difait-elle, pour être capable de ces chofes-là : cette jeune fille n'eft point fote, elle n'eft qu'ignorante ; trompons-la ; gagnons fon cœur ; il eft facile à féduire, mais il ferait impoffible de le contraindre. La Courton raifonnait jufte :

il lui en avoit tant passé par les mains, que l'expérience lui tenait lieu de philosophie.

Pour réussir dans son projet, la séductrice aprit à Lucile à faire de la dentelle : la jeune personne était adroite, elle ne tarda pas à surpasser sa maîtresse. On sut alors lui vanter ses ouvrages dix fois plus qu'ils ne valaient : on flata son cœur naturellement fier, en lui montrant qu'elle n'était point à charge, & ce moyen était le plus efficace, pour qu'elle ne conçût aucun soupçon. On la mit magnifiquement. On eut toujours soin de lui dérober la vue de ces malheureuses qui vivaient dans la même maison : deux seulement des plus jolies l'entretinrent quelquefois : mais leurs discours étaient dictés, & la maîtresse était aux écoutes. Lucile voyait par-tout l'image du bonheur & du plaisir. La Courton ne craignait pas qu'il lui prît envie de la quitter, ou même de sortir ; outre qu'elle l'avait entièrement subjuguée, la crainte de son père & de Fisiomon, qu'elle entretenait dans toute la force, répondait de sa docilité. Elle lui fesait parvenir de fausses nouvelles ; un homme que la Courton disait connoître dans la ville d'A.... écrivait que Monsieur de Fumeterre fesait de terribles menaces : tout cela renouvelait les fraieurs de Lucile, & lui ôtait jusqu'à la pensée de demander à faire un pas au-dehors. D'un autre côté, Dangeot était parfaitement oublié, & la jeune fille commençait à trouver sa situation heureuse.

Dès que la Courton s'aperçut que sa jeune victime avait le cœur libre, elle changea de discours, en tenant toujours la même conduite. Pour chasser de son cœur un amant chéri, on n'avoit cessé de lui mettre devant les yeux les malheurs que l'amour traîne à sa suite : on avait d'abord peint tous les hommes laids : insensiblement, on fit des exceptions, & bientôt l'on en vint à vanter le bonheur d'en être aimée, de vivre dans l'abondance, au sein des amusemens & des plaisirs en tout genre, sans esclavage, sans former de chaîne, sans même s'attacher à celui dont on est adorée. On lui parla des spectacles ; de ces délicieuses assemblées qu'on nomme *bals*, où les jolies femmes deviennent des divinités ; on tâcha de lui faire naître l'envie d'y briller. Pour disposer son esprit à gouter cette morale, qui lui paraissait nouvelle, on chercha d'abord à l'éblouir par la lecture des opéras du tendre *Quinaut*. Ensuite on lui fournit d'autres livres, qui corrompirent son cœur.

Bientôt ces peintures dangereuſes de l'imagination vive & dérèglée des italiens, firent les délices de cette Lucile jadis innocente : on y joignit toutes ces brochures, que l'abus de l'eſprit & du ſentiment fait éclore parmi nous. Les ſens de Lucile étaient en feu ; ſon imagination pétillait. Pour tomber, il ne lui manquait qu'un amant : c'était là où la Courton l'attendait.

CHAPITRE III.

Comme on pervertit les filles.

UN jour elle entra dans ſa chambre d'un air plus riant & plus ouvert encore que de coutume : „ — Ma chère „ fille, lui dit-elle, depuis que vous êtes „ avec moi, je n'ai ſongé qu'à votre bon„ heur : mais auparavant de vous en faire „ jouir, il a fallu vous le faire connoître. „ Hier, vous liſiez avec tant d'attention, „ que je me ſuis aprochée tout près de vous, „ ſans que vous m'ayiez aperçue : votre „ teint était animé ; vos beaux yeux étin„ celaient de mille feux ; enſuite ils avaient „ une expreſſion ſi tendre, ſi touchante, „ que j'ai, dans ce moment, mille fois „ ſouhaité d'être un homme. Ma fille, „ vous formiez ſans doute des deſirs : le „ tems eſt venu de les ſatisfaire. Mais en „ vous procurant les plaiſirs, je veux les „ rendre durables. Je vous aime : je viens „ d'agir en votre faveur, comme je ne fis „ jamais envers perſonne : je ſuis pour vous, „ plus tendre que des parens qui vous ont

„ persecutée, qu'un amant qui vous a „ trahie : je vous ai tenu lieu de tout : „ j'espère que vous ne serez pas ingrate, „ & qu'au nom de mère, que vous m'al- „ lez donner, vous joindrez les sentimens „ d'un fille reconnaissante..... J'ai choisi „ pour vous un amant jeune, aimable, riche. „ Je ne saurois vous exprimer combien il „ m'a fallu de soins & de peines, pour „ parvenir jusqu'à lui. On m'avait dit qu'il „ cherchait une maîtresse : en vous fesant „ offrir comme ma fille, il vous dédaigna, „ je ne me décourageai pas; j'insistai, j'al- „ lai le trouver moi-même; je peignis vo- „ tre esprit, vos grâces, vos talens : tout „ fut encore inutile. Je lui fis dire alors, „ qu'il ne devait pas douter que je ne „ possédasse le trésor qu'il cherchait, puis- „ que je montrais tant d'opiniâtreté, pour „ l'engager seulement à voir celle que je „ lui destinais. Je ne me suis pas trompée : „ par curiosité, Monsieur *Durichemont* con- „ sent à venir ce soir. — Nous verrons „ donc ce prodige, a-t-il dit d'un air dé- „ daigneux..... Il ne le gardera pas long- „ tems; votre beauté changera bientôt cet „ air & ce ton. Qu'il va vous trouver au- „ dessus de mes faibles éloges!....

„ Mais, chère Lucile, pour conserver

„ un amant, il faut de l'adreſſe & de la
„ prudence : N'aimez pas, ſi vous voulez
„ être toujours aimée : ne prenez jamais
„ avec un amant le ton de la candeur &
„ de la bonté. Il faut vous accoutumer
„ aux airs vifs, étourdis : interrompre en
„ careſſant un chien, en parlant à votre
„ perroquet, ou par un éclat de rire, une
„ converſation dont le ſentiment s'empare ;
„ jamais ne reprochez une abſence. Si quel-
„ quefois, au milieu de l'ivreſſe..... il
„ vous arrivait de paraître tendre, que ce
„ ſoit un éclair, qui brille en diſparaiſſant.
„ Mais ce n'eſt pas tout : il faut avoir l'art de
„ vous faire un fonds : ſans demander pré-
„ ciſément, il eſt une manière adroite d'ex-
„ citer l'humeur libérale d'un amant paſ-
„ ſionné : tantôt le marchand & l'ouvrière
„ exagèreront devant lui le détail de ce
„ qui vous manque : tantôt la deſcription
„ d'une choſe qui vous flatera, animée de
„ tout le feu de votre imagination, fera
„ ſentir combien vous la deſirez : ſur-tout,
„ que jamais vous n'ayiez fait naître un
„ de ces momens ſi doux, où vous vous
„ oublieriez vous-même, ſans qu'un cadeau
„ brillant n'en ſoit le fruit : C'eſt alors que
„ vous pourrez hazarder quelques careſſes,
„ d'un air mignard plutôt que tendre. Dès

„ que vous aurez obtenu, reprenez votre „ air léger. Nous ne ſommes auprès des „ hommes que ce que nous nous feſons „ valoir : leurs préſens même nous les at- „ tachent : les biens donnent tant de relief „ à quiconque les poſſéde, qu'une maîtreſſe „ devient un objet plus digne d'égards & de „ ſoins pour ſon amant, dès qu'il l'a en- „ richie. Soyez attentive, ma chère fille, „ à toujours accorder moins qu'on ne vous „ demandera : il eſt des faveurs qu'il faut „ avoir l'adreſſe de laiſſer ravir; elles per- „ dent trop de leur prix, lorſqu'elles ſont „ conſenties. Je ne vous recommande pas „ encore de paraître inſenſible ; vous êtes „ trop jeune pour cela : quand deux ou „ trois années d'uſage vous auront aguer- „ rie, il vous ſera permis d'affecter des „ diſtractions dédaigneuſes... Mais nous „ n'en ſommes pas là. Dans quelques heu- „ res, votre amant va paraître. C'eſt le „ premier homme qui ſe préſente à vous „ ſur un certain pied : vous ferez de vous- „ même ce qu'il faut; & je ſuis ſûre qu'à „ cette première viſite, la retenue naturelle „ à notre ſexe, lorſqu'il eſt novice, dé- „ terminera mieux votre conduite que tout „ ce que je pourrais vous dire. Nous nous „ règlerons enſuite ſur les circonſtances.

Lucile remercia la Courton de ses bons avis; mais elle ne songea qu'en tremblant, qu'elle allait se trouver bientôt avec un inconnu, qui, peut-être, voudrait réaliser les belles choses qu'elle avait lues : son cœur timide palpitait : elle aurait desiré que ce moment n'eût pas été si proche; au moindre bruit elle tressaillait, & croyait à chaque instant voir entrer Monsieur Durichemont. Sa nouvelle maman tâchait de la rassurer.

Combien en est-il dans le monde, qui passent pour honnêtes, qui souvent ont donné ces coupables leçons! Et voilà comme on se fait un art de tromper les hommes, & de leur faire payer ses caprices!.. Mais ceux qui sont assez mal avisés pour chercher une félicité ruineuse au sein du libertinage, méritent ce traitement, & pis encore.

CHAPITRE IX.

Assaut.

TANDIS que la Courton disposait Lucile à recevoir le jeune-homme auquel elle allait la livrer, elle entendit un grand bruit. —Maman, est-ce lui, dit la jeune fille en rougissant? La Courton dissimule son effroi, & sort sans lui répondre. Elle aperçoit sept à huit étourdis, qui de la taverne ou du jeu, venaient chez elle pour couronner l'œuvre. Heureusement il leur restait encore trois marches à franchir. La diserte Courton eut le tems de fermer la porte. Mais l'un d'eux avait entrevu la taille élégante de la belle Lucile. On aborde *la vénérable*; on la complimente, on la caresse; un peu d'ironie s'en mêlait, mais qu'importe? Heureuses mille fois les *odalisques* que de pareils adorateurs se contentent de railler! —Ah ça! maman Courton, tu vas nous ouvrir cette chambre, n'est-ce pas, dit l'un d'eux? —Non mon Roi, chacun doit être en fureté dans ma maison; cet apartement est occupé. —Ah! pardieu, tu l'ouvriras: on ne refuse pas ses amis, &

tu ſais que nous te ſommes acquis depuis long-tems. —Ne la preſſe pas encore, dit un autre. Je crois apercevoir là-haut une déeſſe qui vaut peut-être mieux que celle qu'on nous cache : montons : nous reviendrons dans un moment nous amuſer à mettre cette porte en éclats. Cet avis l'emporta. Bientôt tout fut en combuſtion : D'abord l'on entendit des ris immodérés ; enſuite les cris ſuccédèrent ; les filles fuyaient ; les chaiſes, les glaces, les ameublemens ſe briſaient. Dans cette bouraſque violente, la Courton indéciſe, frémiſſait de rage. Cependant elle fila doux : elle aborde cette jeuneſſe effrénée, & veut entreprendre de la calmer. A ſon aſpect, tous s'écrièrent en *chorus* : A l'eſcalade du premier.

Ces terribles paroles dérangèrent toutes les idées de la Courton ; elle fuit comme l'éclair, entre auprès de Lucile, & s'enferme. —Ma chére enfant, lui dit-elle, des voleurs viennent de s'introduire chez moi, s'ils vous voient, nous ſommes perdues. Il ſe trouvait dans cet apartement une armoire pratiquée dans le mur & recouverte de la tapiſſerie : il eſt inutile d'en divulguer l'uſage myſtérieux : la Courton y cacha Lucile. Lorſqu'elle la crut en ſureté, elle attendit plus tranquillement l'orage.

Cependant

Cependant le terrible essaim des enfans de Mars, attaquait la porte, avec une ardeur, à laquelle il ne manquait qu'un autre motif, pour mériter des éloges. L'assiègée de son côté, fesait une bonne défense; elle entassait chaises, fauteuils, sophas, buffets & commodes : mais elle avait affaire à des ennemis que les difficultés animaient; tout fut renversé : les vainqueurs s'ouvrent un passage sur les débris. Dans ce moment, la Courton effrayée se disait : ——Si je la leur donnais..... Mais Durichemont doit venir aujourd'hui.... Si ce n'était pas aujourd'hui qu'il dût venir.... C'est tout-à-l'heure; à présent peut-être..... J'éviterais un danger pour tomber dans un autre qui serait pis encore..... Payons de notre personne. Elle finissait ce monologue, lorsque deux des vainqueurs la saisirent chacun par un bras : un troisieme lève la canne, & lui dit en riant : ——Ecoute : nous sommes des gens tranquilles; ne nous oblige pas à faire chez toi du vacarme, en t'opiniâtrant : nous en serions au désespoir : donne nous celle que nous venons de voir : pourquoi te faire battre? —Je sais, Messieurs, que vous êtes d'honnêtes, d'aimables gens, répondit la Courton; mais vous me demandez l'impossible. Les coups de canne tombèrent alors ſur la malheureuſe, qui s'écriait en embraſſant les genoux du frapeur impitoyable. — Battez-moi, tuez-moi, ſi vous le voulez : celle que vous avez entrevue, n'eſt plus ici : elle a pris la fuite dès qu'elle l'a pu. A peine l'écoutaient-ils. Tandis que ceux-ci battaient, que ceux-là en riaient, d'autre furetaient par-tout. Ils aprochent du réduit où Lucile était preſqu'évanouie de frayeur : la Courton tremblait. Le moindre mouvement, un ſouffle, trahiſſait la jeune fille.... Heureuſement ils ne la trouvèrent pas. Ils s'en vengèrent ſur les meubles, & ſe retirerènt, en feſant à la digne *maman*, mille proteſtations de zèle, & de dévouement pour ſon ſervice.

— Ah ! ſi Monſieur Durichemont était arrivé, diſait la Courton à Lucile qu'elle tirait de ſa cachette, lorſqu'ils furent partis ; il les aurait fait arrêter, & nous aurions été les voir pendre !

CHAPITRE X.

DURICHEMONT.

UN commis, qui s'était engraiſſé dans des poſtes lucratifs, ſe maria fort tard : il prit une compagne de quinze ans, d'une famille auſſi noble que pauvre ; mais la jeune perſonne était riche en attraits, vive, fringante. Ses amis le blâmèrent, lui firent craindre certaine infortune, ordinaire apanage des vieux maris. Il ne les écouta pas, & fit bien. Cependant il ne fut pas exempt de chagrins. Il ſe croyait heureux pour le reſte de ſa vie ; l'aimable enfant devint groſſe, donna le jour à un fils beau comme elle, & mourut en couche. Le mari fut au déſeſpoir : mais ſon fils vécut, il conſola le vieillard, qui retrouvait en lui les traits de ſa jeune & malheureuſe épouſe. Il grandit, ſe forma : ſon père travailla plus que jamais à laiſſer un bien honnête pour ce fils ſi digne de ſa tendreſſe. A vingt-deux ans le jeune Durichemont perdit un ſi bon père, & ſe trouva maître de lui-même & de trente mille livres de rente.

Par hazard le jeune-homme avait eu pour former ſon enfance, un conducteur raiſonnable, ſage, prévoyant. Ce gouverneur trouva des paſſions vives à dompter, des gouts à corriger, des bonnes diſpoſitions à diriger : il règla tout cela pour le mieux, gagna la confiance & l'amitié de ſon élève, qui, devenu maître de lui-même, voulut encore ſuivre ſes conſeils.

Durichemont redoutait le mariage, je ne ſais pourquoi : beaucoup d'enfans ſont effrayés de la mauvaiſe intelligence qui règne entre leurs parens : Durichemont n'avait été témoin que d'une tendre douleur. Quelque fut ſon motif, il craignait de s'engager, d'être trompé, de s'en repentir lorſqu'il n'y aurait plus de remède, & d'enrager en vain, comme tant d'autres. Tout ce que ſon ancien maître pouvait lui dire, pour détruire ſon préjugé & diminuer ſes frayeurs, était inutile; le jeune-homme réſolut de s'en tenir à une maîtreſſe, juſqu'à ce qu'il eût rencontré l'objet, qu'il ne devait aimer qu'en l'eſtimant.

Comme le choix qu'il ſe propoſait de faire dans le moment, n'était pas de conſéquence, il ne conſulta que les yeux. Il vit une jeune perſonne à la promenade : elle lui plut : il la fit ſuivre ; le lendemain il lui rendit visite, s'expliqua clairement, demandait une décision. On lui répondit que ses offres étaient avantageuses, séduisantes; & qu'on allait consulter son mari. —Quoi! vous êtes donc mariée! —Oui, Monsieur; un emploi médiocre, des apointemens mal payés sont toute notre fortune. —Mais, votre mari vous cédéra-t-il? ——Il le faudra bien : c'est une nécessité dure : il ne peut soutenir l'état qu'il m'a fait prendre; cette parure, que vous me vîtes hier, il la doit...... Midi sonna; l'époux revint; le marché se conclut, non sans quelques remords de la part de Durichemont; & dès le jour-même la jeune dame *Bassan* vint occuper un petit apartement fort propre, dans la maison de son amant.

Il eut grand soin de cacher à son ancien conducteur, qu'il enlevait une femme à son mari : il tâcha de lui faire excuser sa conduite : le vieillard, qui vit le mal fait, ne s'attacha plus qu'à régler une passion, qui précipite tant de jeunes-gens, de l'opulence, dans l'infortune. Durichemont fut heureux deux mois. Au bout de ce tems, il s'aperçut qu'une femme qui se vend, trahit l'acheteur. Un homme de bonne mine, & déjà sur le retour, que la discrète personne connaissait depuis long-temps, continua d'être favorisé : Le jeune amant le sçut ; il ne voulait point de partages : Un jour il suivit l'infidelle ; la surprit à la porte de son premier amant ; voulut entrer avec elle ; là, sans se mettre en colère, il fit à son rival une cession en forme, & défendit à Madame Bassan, confuse & désolée, de reparaître devant lui.

Durichemont s'aplaudissait de n'avoir été trompé que par une maîtresse : ses préjugés se fortifièrent ; & il songea à se procurer un autre amusement. Il se promit bien de ne se décider que pour une fille novice encore, & sans expérience. Il ne fut pas plus heureux dans un nouveau choix. La jeune personne, prise dans une condition commune, avait plus de gout pour son laquais que pour lui ; il s'en aperçut, chassa le maraud, & maria la jeune imbecille à son jardinier.

Deux maîtresses, en six mois, avaient trahi un jeune-homme aimable, honnête, généreux : à quoi doivent s'attendre les magots & les grisons ! .... Durichemont avait le cœur tendre ; les plaisirs qu'il avait goutés, lui firent sentir que l'amour pouvait le rendre heureux : ses desirs devinrent plus ardens ; mais il résolut d'être circonspect dans son choix : il ne s'arrêta plus au premier minois fripon qui ſavait lui plaire : il voulut connaître l'humeur, les penchans de celle qui devait faire naître les plaiſirs, & le fixer peut-être. La Courton était parente du laquais que Durichemont avait chaſſé : elle ſut par lui les diſpoſitions de ſon jeune maître, & fonda là-deſſus ſes eſpérances.

CHAPITRE XI.

Lucile eſt aimée.

ON ſe hâta d'effacer juſques aux veſtiges des militaires exploits. La Courton donnait ſes ordres avec une préſence d'eſprit & une réſignation, ſuites de l'habitude. A huit heures, elle revint auprès de Lucile, dont il fallait achever de diſſiper l'effroi. — Maman, diſait l'aimable fille, qu'ils m'ont fait peur ! Peut-on être ſi méchant, avec un ſon de voix ſi doux ?... Croyez-vous qu'ils ne reviendront plus ?.... Lucile n'avait pas achevé ces mots, que le bruit d'une voiture frapa leurs oreilles : elle s'arrête à la porte ; la Courton vole, ne doutant pas que ce ne fût Monſieur

Durichemont. Il était au pied de l'efcalier : elle lui fit de très-baffes courbettes, & voulait le complimenter fur fa figure & fa bonne mine. —Je fais tout cela, dit le jeune-homme, mais voyons : Votre merveille eft-elle là-haut? ——La Courton le conduifit. Il entre, avec une démarche cavalière, aperçoit Lucile, qui tournait le dos par timidité. —Qu'elle eft *bien taillée*, s'écrie-t-il! il s'aproche en fouriant. Lucile le regarde, & d'un air férieux, modefte, enchanteur, lui fait avec grâce une profonde révérence. Il fe difpofait à l'embraffer : il avait la main tendue, pour lui faire de ces careffes libres, ordinaires dans les lieux où il fe trouvait : un je-ne-fais-quoi l'arrêta : Il lui femblait qu'il voulait dire, *m'amie*, *ma mignone*; il ne prononça que *Mademoifelle.* Telle eft donc le pouvoir de la beauté! dès qu'elle le veut, l'endroit le plus infâme eft un temple pour elle! .... Durichemont était ébloui : il balbutia. L'innocente Lucile ne fentait pas fon triomphe : elle devint plus timide encore & plus touchante. Mais la Courton voyait tout : elle nageait dans la joie. Cette femme s'aperçut qu'elle pouvait parler fans être rebutée : elle s'empâra de la converfation : on lui laiffa le champ libre. L'âme de Durichemont avait paſſé dans ſes yeux, avidement attachés ſur l'aimable Lucile. Mille penſées différentes s'offraient à ſon eſprit. Il n'avait qu'un regret, c'était d'avoir, par ſa faute, laiſſé cette jeune perſonne quelques jours de plus entre les mains de la Courton : il ne formait qu'un deſir, c'étoit de l'emmener ſur le champ. Cependant, lorſqu'il ſongeait que Lucile était fille de cette femme, il ne pouvait s'empêcher de dire en lui même : —Quelle origine, pour tant de beauté!

Occupé de ces idées, à peine Durichemont écoutait l'infâme apareilleuſe, qui feſait un ample étalage des mérites, talens & vertus de ſa prétendue fille : il la voyait, c'était plus que tout ce que la Courton pouvait dire. Enfin il expliqua ſes deſſeins, après avoir prié Lucile de paſſer un moment dans une autre piéce. Il prévint la Courton, qu'il avait un apartement tout prêt pour ſa fille; qu'il ne pouvait ſe réſoudre à laiſſer un ſeul jour encore dans un lieu pareil une jeune perſonne qu'il voulait aimer. — Mettez à vos ſoins le prix qu'il vous plaîra, dit-il à la prétendue mère : pour Mademoiſelle Lucile, ſon ſort eſt aſſuré. Les conditions furent propoſées, acceptées, & le marché conclu. Deux mille livres de pension viagère pour la Courton, mille écus pour la jeune fille, qui devait être maîtresse du fonds même dans deux ans. On la rapela. — Ne consentez-vous pas à me suivre, belle Lucile, dit le jeune-homme, si votre mère le permet? La jeune personne baissa les yeux : mais sa mère répondit pour elle. Chacun étant satisfait, Durichemont & la jolie Lucile, montèrent dans la voiture, & partirent.

CHAPITRE XII.

Souvent le mal produit un bien.

EN arrivant au logis, Lucile fut vue du sage gouverneur. Il fut frappé de tant d'attraits; il gémit. — Hélas! dit-il a Durichemont, qui l'aborda d'un air satisfait, avez-vous eu le cœur de la séduire? — Non, mon papa, reprit le jeune-homme : nous allons vous prendre pour maître tous deux : je n'ai jamais senti ce que la vue de cette belle fille vient de me faire éprouver; c'est pour jamais que j'aime : Si la charmante Lucile est encore telle que je la souhaite, que je vais être heureux! Ensuite, il lui raconta tout ce qui venait de ſe paſſer. La vertu de Lucile parut bien douteuſe au reſpectable vieillard. — Cependant elle pourrait avoir encore ſon innocence, diſait-il : il ne faut jurer de rien.

Lucile occupa ſeule un petit apartement, avec une femme deſtinée à la ſervir. Durichemont eut pour elle, dès le premier jour, ce reſpect qu'inſpire l'objet qui nous a réellement touché. Il ne voulut devoir qu'à l'amour & à l'inclination, des faveurs auxquels il attachait ſa félicité. Il paſſait auprès d'elle la plus grande partie de ſon tems : voir Lucile & l'entendre eût ſuffi pour l'enchanter ; l'aimable fille ſe ſervait de tous ſes talens pour l'amuſer ; il ne pouvait ſe contenir : à chaque inſtant ſon amour & ſon admiration redoublaient. Mais le moment d'aimer n'était pas encore venu pour Lucile ; ſon indifférence la rendait plus vive & plus gaie. Durichemont lui plaiſait : c'était tout : quelquefois elle ſe retraçait les ſituations où l'avaient miſe ſes lectures ; elle deſirait alors que ſon amant la reſpectât moins.

Un jour il était auprès d'elle : un deshabillé galant deſſinait admirablement ſa taille légère : une gaze claire embelliſſait plutôt qu'elle ne couvrait ſon ſein : elle était chaussée d'une mule élégante & mignone; Durichemont l'avait priée de chanter : elle choisit l'ariette *Jusques dans la moindre chose*, d'*On-ne-s'avise-jamais-de-tout* : il ne fut plus maître de lui-même : il tombe à ses genoux ; colle sur sa main d'albâtre des levres brûlantes : le cœur de Lucile palpite; son sein s'émeut : son amant crut la voir s'attendrir, & toucher à l'instant du bonheur : il se lève, & la prenant dans ses bras..... C'en était fait.... Lucile alors se ressouvint des conseils de la Courton : elle s'écrie, en s'efforçant de rire de toutes ses forces : —Eh mais! y pensez-vous! que voulez-vous donc faire?.... Et profitant de la surprise de Durichemont, elle se glisse & s'échape. Le jeune amant connut par-là qu'il n'en était pas encore où il souhaitait.

CHAPITRE XIII

Ni bien, ni mal.

GENÉREUX autant que tendre, Durichemont en aima Lucile davantage. Il ſe félicitait d'avoir échoué, comme d'autres s'aplaudiſſent d'un triomphe complet. —Quel heureux préjugé, ſe diſait-il, pour ſon innocence!.... Il ſe trompait un peu; il n'eſt point de femme qui ſache mieux réſiſter, que celles qui ne l'ont pas fait toujours. Le jeune-homme continua de donner toute ſon attention à pénétrer le caractère de Lucile : il ne fut pas difficile de s'apercevoir qu'elle aimait paſſionnément la lecture : Le vieux gouverneur de Durichemont ſut adroitement ſuprimer les livres dangereux qu'elle avait aportés de chez la Courton, en feignant de les lui emprunter. il ne crut pas qu'il fût ſage d'en ſubſtituer tout-d'un-coup d'autres, d'un genre trop différent : il lui donna des romans tendres & des opéras-comiques. Cette dernière lecture plut infiniment à Lucile, tant ces piéces bouffonnes étaient analogues à ſon gout corrompu par l'infâme Courton. Elle demanda avec empressement à Durichemont qu'il la menât aux *italiens*. Tous les desirs de Lucile étaient une loi pour lui ; & quoique le vieillard & le jeune-homme lui-même eussent bien mieux aimé la conduire aux *français*, il fallut aller au spectacle à la mode.

Dès que Lucile eut gouté de ces jolis riens, elle ne voulut plus manquer un spectacle : elle vit dix fois *la Fée Urgelle*, autant *Isabelle & Gertrude*, *la Clochette*, *Rose & Colas*, *Soliman II*, *Annette & Lubin*, *le Sorcier*, *Tomes Johnes*, &c. &c. &c. &c. &c. &c. : elle ne manqua pas une des vingt-quatre répréſentations de l'attendrissante imitation de *Ruth* & de *Booz*. (*Nota* qu'elle ne vit qu'une fois *l'Isle sonnante.* *) Son assiduité à l'opéra-comique la rendit tout-à-fait petite maîtresse ; mais elle lui fit oublier des leçons dont le danger est bien plus grand. Elle devint précieuse ; & comme tout sied aux jolies femmes, elle n'en fut que plus piquante. On guérit un vice par un autre : Heureux ! qui dans l'échan-

* Je n'entends pas attaquer cette pièce : j'y trouve beaucoup d'esprit ; trop peut-être. Il eût fallu parler au cœur.

ge prend toujours les moindres ! il tend, quoique lentement, à la perfection. C'est un point desirable que celui où l'on s'arrête dans la carrière du vice. Lucile en est là : elle ne fait ni bien, ni mal.

CHAPITRE XIV.

Amendement.

— ELLE changera, j'en réponds : je crois connoître la trempe de son esprit : il est fasciné, ébloui, trompé, séduit : Eclairons-la ; attendrissons son cœur ; montrons-lui la vertu ; rendons-la lui facile, aimable ; disait un matin le vieillard à Durichemont. — Oui, mon papa, vous avez raison, reprit vivement le jeune-homme. — Mais, hélas ! après, vous mettrez votre bonheur à détruire mon ouvrage ; à triompher d'un jeune cœur que nous aurons purifié de concert ! — Eh ! qui vous a dit que c'était-là mon dessein ? — Que feriez-vous ? —— Ah ! que Lucile soit telle que vous la desirez ! le Ciel alors m'inspirera ce que je devrai faire.... Vous dites qu'elle ne connait pas encore la vertu, cette fille charmante ; & pourtant, elle l'a fait naître dans mon cœur. Oui, depuis que je l'aime, mes diſpoſitions changent.... O Lucile, Lucile pourrai-je un jour avouer ma tendreſſe à la face de tout l'univers ſans rougir! Oui, mon papa, le Ciel doit un miracle à ſon plus bel ouvrage : j'aime à me le perſuader. Quand viendra le moment d'en être certain!

La Courton n'avait pas encore paru chez Durichemont depuis trois mois que Lucile y demeurait. On l'annonça tandis que le jeune-homme & ſon guide s'entretenaient. —Ne laiſſez pas aborder Lucile par cette malheureuſe, dit le vieillard : qu'elle ſoit ſa mère ou non, elle ne doit point la voir. On lui dit donc de ne plus ſe donner la peine de revenir, & qu'on ſerait exact à lui payer ſa penſion. Elle inſiſta pour voir ſa fille : on lui déclara que cela ne ſe pouvait pas, de manière à lui faire entendre, que cela ne ſe pourrait jamais : enſuite on la congédia.

Lucile venait de ſe lever. Durichemont paſſa dans ſon apartement. Jamais elle n'avait paru ſi belle. Elle baiſſa les yeux, en le voyant entrer, & rougit un peu. Son air n'était plus étourdi ; ſes propos était moins découſus, & plus ſérieux ; ſes regards

gards plus timides. Elle avait lu la veille la petite histoire d'*Ernestine* de Madame R**** : son jugement commençait à se déveloper; ses idées s'étendaient. En finissant cette brochure, elle avait fait un retour sur elle-même : la conformité entre Durichemont & le Marquis de *Clémengis* était grande; mais quelle différence d'*Ernestine* à elle! (cette différence cependant, commençait à ne plus être aussi extrême que Lucile le croyait.) Durichemont fut enchanté de la conversation qu'il eut avec sa maîtresse : Lucile n'était pas encore tendre; mais elle paraissait disposée à le devenir. Lorsqu'elle fut habillée, & qu'il se vit seul avec elle, il lui parla de la Courton, & ne lui cacha pas qu'on venait de renvoyer cette femme. Lucile n'y parut pas fort sensible. Durichemont aurait desiré qu'elle eût marqué plus d'attachement pour sa mère : cependant ce jour-là, elle lui paraissait si différente d'elle-même, qu'il ne put renfermer davantage dans son cœur, tous les sentimens qu'elle y fesait naître.

Il était assis à côté d'elle : son bras pressait légèrement la taille de sa maîtresse. Lucile était à demi-panchée sur lui, & venait de le regarder avec un sourire enchanteur. ——Fille charmante, dit Durichemont à demi-bas, que je ſerais heureux, ſi vous étiez tendre!...... Je vous aime; je vous adore........ vous ſeule pouvez faire ma félicité..... Le ſeul deſir que je forme, c'eſt de vous plaire; la ſeule grâce que je vous demande, c'eſt le le don de votre cœur...... Je ne mérite peut-être pas un bien ſi précieux, s'il faut autre choſe pour l'obtenir, que le reſpect & l'amour: mais preſcrivez vous-même les conditions; il n'en eſt aucune que je n'accepte.... Ah! Lucile! que vos yeux paraiſſent tendres!... Fille adorable! achevez..... Un ſeul mot de votre belle bouche peut me rendre le plus heureux de tous les hommes. — Je vous dois tout, Monſieur, reprit Lucile.... Je vous dois peut-être bien plus que je ne m'en doute encore. Je ne ſais; mais il me ſemble qu'un voîle épais eſt devant mes yeux: j'entrevois quelquefois un rayon de lumière, & tout auſſi-tôt je retombe dans le même cahos qu'auparavant... — (Il l'avait bien dit!....) Ah! Lucile...... (Oui, je le ſens; elle fera mon bonheur..... Eh! qu'importe ſi des erreurs qu'elle ne connoiſſait pas, ont peut-être ſéduit ſes ſens: ſon eſprit & ſon cœur ſont purs encore.....) Lucile! belle Lucile! un inſtant..... heureux pour vous & pour moi va venir.... Pardonnez..... ma joie..... ——— Mais, qu'ai-je donc dit qui puiſſe la rendre ſi vive? — Ah! vous ne le ſentez-pas!..... Les pernicieuſes inſtructions de la Courton étaient oubliées : Lucile ſoupira, ſans ſavoir pourquoi : elle ne déconcerta plus ſon amant par un rire affecté. Durichemont enchanté, la quitta, rempli des plus douces eſpérances.

CHAPITRE XV.

De mieux en mieux.

IL ſe rendit auprès du vieillard, pour le mettre au fait des nouvelles diſpoſitions de Lucile. ———Des lectures l'ont égarée, dit le ſage mortel, & des lectures la ramèneront. Je compte ſur la parole que vous m'avez donnée de reſpecter ſa vertu...... Mais que dis-je? Vous l'aimez : jeune, vif, bouillant, ou vous me tromperez, ou vous vous tromperez vous-même, en feſant une démarche, que je n'oſe prévoir ſans frémir. De tous côtés, je ne découvre qu'abîmes ouverts ſous vos pas. La fille de la Courton deviendrait....... Ah! ciel!.... Voilà dirait-on dans le monde, le fruit des leçons de cet homme vanté. Son élève, ſous ſes yeux, de ſon aveu, vient d'épouſer une..... je n'oſe trancher le mot. Si vous étiez raiſonnable, & que vous vouluſſiez m'en croire, dès que nous l'aurions ramenée, vous éloigneriez de vous le danger : ſa penſion ſuffira, avec quelques préſens, que vous pourrez y joindre, pour lui faire trouver un honnête parti..... ——— Que mille fois plutôt la foudre m'écraſe, s'écria le jeune-homme indigné, que de concevoir ſeulement la penſée de me ſéparer un moment de Lucile.... Heureuſement, je ne dois compte de ma conduite qu'à moi-même..... Vous, ſi vous m'aimez encore, travaillez à la rendre digne à vos yeux, d'être mon épouſe : car dès le premier moment que je la vis, elle parut telle aux miens. Le vieillard connut que les remontrances feraient mal placées, & plus mal reçues; il ſavait, par expérience, qu'il ne faut pas les prodiguer. Il ſe tût. — A tout événement, dit-il en lui-même : il ne faut pas abandonner mon ouvrage : c'eſt un grand bien de ramener une jeune perſonne dans le chemin de la vertu, & de la rendre digne d'être mère de famille : S'il en résulte un mal que je ne puisse empêcher, ce sera par un effet du sort des entreprises humaines : Quelquefois les meilleures choses ont servi de poison, & les plus mauvaises d'antidote.

Consolé par cette sage réflexion, le vieillard en fit une autre : ——— Voilà, se disait-il, sa répugnance pour une union légitime entièrement détruite : si dans ce moment on lui présentait une jeune personne, aussi belle que sa maîtresse, riche, honnête, peut-être se rendrait-il. En raisonnant de la sorte, il allait chez Lucile. L'aimable fille lui rendit compte de sa lecture de la veille, & lui demanda si le charmant auteur d'*Ernestine* avait fait d'autres ouvrages. ——— Oui, Mademoiselle, répondit le vieillard, & tous respirent l'honnêteté. Vous les aurez dès aujourd'hui. Et dans le moment, il alla lui chercher les lettres de *Mylady Catesby*. En deux heures, Lucile eut dévoré ce petit chef-d'œuvre d'élégance & de sentiment. Elle lut ensuite les *Lettres de Madame de Sancerre*, de *Fanny Buttler*. Mille fois Durichemont s'offrit à son idée, durant cette lecture. L'intéressante *Adélaïde*, dans le *Marquis de Cressy*, fit couler ses larmes ; *Hortense* la révolta ; Madame *de Cressy* mourante déchira ſon cœur : pour la première fois, elle éprouva ces mouvemens chers & pénibles, qui diſpoſent ſi bien à la tendreſſe. Le gouverneur, par un entretien ſage & raiſonnable, tâchait de déveloper ce germe précieux. Mais en éclairant ſon eſprit, ſans le ſavoir, il échauffait dans ſon cœur le deſir d'être digne d'inſpirer une paſſion innocente & pure. Lucile enchantée de ſes leçons, trouva qu'il la quittait trop tôt.

Durichemont, dans les viſites qu'il rendit à ſa jeune maîtreſſe, fut agréablement ſurpris de l'air de réſerve qu'elle prenait: il crut même s'apercevoir, que lorſqu'il n'avait pas les yeux ſur elle, ceux de Lucile ſe fixaient ſur lui; & qu'elle les baiſſait en rougiſſant, dès qu'il la regardait. Il faut avoir l'âme honnête & tendre, pour ſentir combien cette découverte devait lui plaire.

Il courut remercier le vieillard: ——C'eſt vous, lui dit-il, ce ſont vos ſoins paternels qui vont me donner Lucile : elle change! quel bonheur! .. Mon papa, je vais vous devoir autant qu'à ceux dont je tiens la vie. Je ſuis ſans ambition; j'ai l'âme ſenſible; de toutes les paſſions, je n'éprouve que la tendreſſe : ſervez-vous-en pour me rendre heureux : mais, ſongez bien, que je ne puis l'être que par Lucile. Si je venais à la perdre, je hairais la vie & tous les hommes. Le vieillard répondit : Le ſort en eſt donc jeté : il faut ſe rendre : allons diminuer le mal que je puis empêcher. Durichemont l'embraſſa : quoiqu'il ne dépendît pas de lui, il aimait ſon ancien maître ; il eût été très-mortifié de ne pas avoir ſon aprobation : car il ne ſe diſſimulait pas à lui-même combien l'alliance qu'il voulait contracter était diſproportionnée.

Le vieillard fit un nouveau choix de livres amuſans. Il ſuprima les opéras-comiques, & les romans où l'on ſacrifie tout à l'amour ; où l'on ſe fait un jeu de tromper ſes parens ; un mérite de leur réſiſter. Il lui laiſſa pour toujours les ouvrages de Madame R****, & lui donna la *Nouvelle-Héloïſe*, la *Julie* de M. d'A**, & la *Famille vertueuſe*. En achevant la lecture du premier de ces ouvrages, Lucile dit en ſoupirant : ——*Elle épouſa Wolmar ; elle ne s'enfuit pas*. Le ſecond l'attendrit : elle ſe rapela ſes parens ; leur ſouvenir fut douloureux ; il fit couler ſes larmes. *Et s'ils éprouvaient le même ſort que ceux de Julie*, s'écria-t-elle ! Le troiſième ouvrage, inférieur aux deux autres, plut cependant encore davantage à Lucile : Les sentimens de l'estimable *Léonore* dévelopèrent les siens : elle sentit que son cœur était formé comme celui de cette tendre fille : pour la première fois, elle entendit parler des charmes de l'amitié : elle brûla d'envie d'avoir un ami : elle ne connaissait que Durichemont digne de son attachement : — Ce sera lui, se disait-elle ; je l'aimerai comme *Léonore* aimait *Rose*. La passion de miss *Cecili* lui fit connaître la différence qui se trouve entre une passion criminelle, & l'amour honnête & légitime (car durant son séjour chez la Courton, on avait confondu toutes ses idées :) Mais ce ne fut pas tout : le genre de vie des filles du *Comte du Lisse* & de leurs compagnes, excita son admiration : elle rougit de son inutilité & de ses occupations frivoles : elle voulut travailler ; le livre n'était pas entièrement lu, que Lucile en mettait les leçons en pratique. Lorsqu'elle vit cette lettre si tendre, où *Léonore* répand son âme dans le sein de son père, lui confie ses chagrins, les sanglots l'étouffèrent : — *Ah ! malheureuse !* disait-elle ; *& moi, j'ai haï le mien ; je l'ai desespéré ; fait mourir de douleur peut-être !*

Durichemont la trouva fondante en larmes : il s'effraye ; il ſe jette à ſes genoux : ——— Divine Lucile ! s'écrie ce tendre amant, qui peut cauſer ces pleurs ? Parlez, rien ne va m'être impoſſible..... — Calmez-vous, Monſieur, lui dit Lucile, en laiſſant tomber ſur lui un regard plein de douceur : voilà le coupable. En même-tems elle lui préſenta ſon livre. Le jeune-homme ſourit. Il s'entretint avec ſon amante. De tems-en-tems Lucile ſoupirait. — Vous vous ennuyez peut-être, lui dit Durichemont ? La vie que vous menez eſt trop uniforme : il faut vous diſſiper : je veux dès aujourd'hui vous mener dans une aſſemblée charmante. ——— Non Monſieur ; reprit Lucile ; j'aime la ſolitude, & je ne puis ſouhaiter des amuſemens que je ne connais pas. Je ſuis heureuſe ici autant que je dois l'être. Laiſſez-moi ſuivre le nouveau plan que je me ſuis tracé : je vais m'occuper utilement, & me rendre digne de vos bontés. — Ah ! Lucile ! vous méritez un trône ! ——— Il eſt un bien que je préfère à ce que le monde a de plus brillant......... Vous m'allez donner vos avis pour l'emploi de la journée. Par où commencerai-je ? ——— Belle Lucile ! en vous levant votre premier ouvrage doit être de parer ce temple de la divinité. — C'eſt fort bien : mais enſuite ? —— Vous lirez, ſans doute ? —Après ? —Nous cauſerons enſemble le reſte du tems. —Oh! je ne m'en raporterai pas tout-à-fait à vous : je conſulterai notre papa : je ſuis ſûre qu'il ajoutera bien des choſes à cette diſpoſition; mais, ſi je n'étais pas plus contente de lui que de vous, je ſuivrai mon livre à la lettre.

Des affaires apelaient Durichemont hors de chez lui : il prit congé de Lucile. —— *Quoi! ſitôt!* lui dit-elle tendrement. Le jeune-homme s'arrêta : ——Lucile! vous deſirez ma préſence? L'aimable fille craignit d'en avoir dit trop. Elle diſſimula; mais ce ne fut plus par un manége de coquette.

CHAPITRE XVI.

Très-intéressant, quoique moral.

— OUI, je suis aimé, ou sur le point de l'être : l'aimable Lucile se plaît avec moi. Tantôt, elle eût voulu me retenir : le bonheur le plus doux m'attend.... Il n'a presque fallu ni leçons, ni préceptes pour lui faire aimer la vertu : quelle preuve de la bonté de son cœur ! Des livres, où tant d'autres ne cherchent que l'aliment d'une passion déréglée, des émotions voluptueuses, un préservatif contre l'ennui de leur existence, enfin tout-au-plus un amusement innocent, des livres ont suffi pour la toucher ! D'autres n'en sucent que le poison, parce que leur âme corrompue ferme les yeux sur le bien, & ne saisit que le mal ; Lucile n'en recueille que le miel....... Qu'elle m'a touché tantôt ! Elle veut s'occuper : elle se trace un plan !...... Mais, d'elle-même ! Aimable petite ! ah ! si Durichemont, si ton amant est digne de faire ta félicité, tu n'auras rien à desirer.... Non, divine enfant, non, jamais tu ne le verras inconstant........ Mon gouverneur me répète que sa naissance...... Mais, en vérité, cet homme, que j'estimais tant, ressemble aux autres vieillards; il dit toujours la même chose... Je ne veux pas me brouiller avec lui : je lui dois trop : d'ailleurs, il veut du bien à Lucile; il l'a dirigée avec une adresse, des ménagemens dont je n'eusse pas été capable : il a retenu la fougue de mes desirs; c'est par ses avis, que je n'ai rien obtenu de celle que j'aime qui doive la faire rougir... Mais, toujours *sa naissance!*... Eh bien! sa naissance n'est pas elle; c'est Lucile que j'aime, que j'adore, qui peut-être à présent s'occupe de moi... Oh! je ne souffrirais pas que tout autre m'en dît autant. *Lucile est indigne d'être mon épouse!*... Comment a-t-il pu le penser, ou du moins, osé me le dire!... Lucile est digne du respect de tout l'univers..... Il ne sait pas encore tout le fruit qu'elle a tiré de ses leçons & des lectures qu'il lui fait faire : il rougira de ce qu'il a dit, lorsqu'il l'aprendra.... *Je ne sais pas ce qui s'est passé avant que je la connusse.* Voilà le seul point où il ait raison... Comment percer ce mistère?.... Peut être Lucile m'avouera tout... Je tremble de m'instruire...

Quelle folie ! pourquoi me tourmenter ? Laiſſons le paſſé ſous le voile heureux qui le couvre : gardons-nous bien d'intéroger une fille naïve : les maux ou les biens inconnus n'exiſtent pas pour ceux qui les ignorent.

Telles étaient les réflexions de Durichemont revenant chez ſoi. En rentrant, il aperçoit ſon gouverneur : il vole à lui, & l'entraîne chez Lucile. Là, le vieillard ne fut pas peu ſurpris de voir par lui-même, le ſuccès de ſes ſoins, & les progrès de la jeune perſonne : il lui trouva dès ce moment tant de vertu, qu'il forma ſur le champ une réſolution qu'il ſe propoſa d'exécuter le lendemain. Il était tard : le vieillard & ſon élève ſe retirèrent. Les yeux de Lucile ſuivaient ſon amant : il s'en aperçut, & ſon cœur devint encore plus tendre.

Lorſqu'ils furent ſeuls : —— Eh bien ! dit Durichemont, conſervez-vous encore vos injuſtes préjugés ? ——Je ſuis toujours le même, reprit le vieillard : je rends juſtice à Lucile : elle ſurpaſſe mes eſpérances : Mais vous devez épouſer une fille qui vous aſſortiſſe pour la fortune, & un certain état que vous avez dans le monde : & la jeune, l'aimable, la belle Lucile, doit être la compagne d'un homme du commun, avec lequel elle ne ſoit pas obligée de paraître au grand jour. En devenant votre femme, tout le monde aura les yeux sur elle : on se demandera, *quels sont ses parens ?* La honte suivra des informations malignes, & son poids insuportable vous accablera tous deux. Voilà, j'en conviens, une vérité dure; mais c'est la vérité. N'allez pas dire que vous braverez les jugemens du monde : vos enfans un jour ne les braveraient pas : leur intérêt est sacré, & vous vous deshonoreriez doublement, s'il vous touchait peu. De quel front pensez-vous qu'un jour ils se présentassent dans le monde : comment oseraient-ils y rechercher une alliance? Eux, les petits-fils d'une Courton!... fi!.... cette idée révolte. —A cette vive sortie qu'il n'attendait pas, Durichemont ne répondit que par des larmes : il sentait toute la justesse du raisonnement de son ancien maître; il était au désespoir. ——Quoi donc, lui dit-il, ne puis-je être heureux indépendamment de ceux qui m'environnent, & dois-je respecter dans les autres des préjugés que je n'ai pas? —Il n'en faut pas douter, reprit le vieillard : Nous nous devons les uns aux autres un respect de conduite comme de paroles : Qui viole les convenances, & va contre les idées reçues, mérite le mépris qu'il s'attire ; tous les deſagrémens & les malheurs qui le ſuivent : Votre main, donnée à une fille née dans un rang au-deſſous du vôtre, eſt un vol que vous faites à quelqu'une de vos égales : Qui voulez-vous qui prétende à celles que vous négligez ? feront-ce les hommes de l'état de Lucile ; ou ceux d'une condition plus relevée ? Chacun doit reſter dans ſa ſphère : on ne peut en deſcendre, ou monter au-deſſus, ſans quelqu'injuſtice. Je vous dis ce que je dois ; avec trop de feu, peut-être, mais, pardonnez : Lucile, étant ce qu'elle eſt, ne peut abſolument s'unir à vous. —Ainſi mon père aura choiſi une épouſe à ſon gré, dans un âge où l'on eût pu le taxer d'imprudence, & moi, moi ſeul, je ne puis, ſans me couvrir de honte, épouſer une fille que j'aime, & qui, vous le ſavez, en eſt digne ? —L'exemple de votre père ne dit rien pour vous, il épouſa une fille pauvre, il eſt vrai, mais dont la naiſſance était honnête, & même plus relevée que la ſienne, puiſque votre mère était de condition. On ne pouvait objecter que ſon âge : encore s'il était aimé, comme je le crois, on n'avait rien à dire du tout. Mais vous! mais Lucile... Ah! mon fils! (vous m'avez permis ce nom) je vous en conjure ; remportez ſur vous-même une généreuſe victoire : la plaie ſaignera; elle ſera douloureuſe, mais un jour, vous vous aplaudirez. Songez que Lucile.... ——Je ſonge que Lucile eſt adorable, & que je l'aime....... Mais Monſieur, vous ne m'en aviez pas tant dit, avant que par ſes vertus, cette Lucile que vous mettez ſi bas, méritât un rang bien au-deſſus de celui que je puis lui donner? ——Mon cher fils, n'en devinez-vous pas la raiſon? Ah! vous ne connaiſſez pas toute mon eſtime pour vous : je comptais ſur votre cœur : je ſavais qu'il était trop fier, pour s'allier avec une âme de boue : je n'ai pas cru devoir, en vous reſiſtant, donner à Lucile un prix qu'elle n'avait pas encore : Mais à préſent, qu'elle eſt digne de vous par ſes ſentimens, ſans l'être davantage par ſa naiſſance, je vois un véritable danger : votre généroſité s'efforcera de réparer les injuſtices du ſort..... hélas! aux dépens de votre honneur...... & de votre félicité : Car il ne faut pas vous imaginer que cette ivreſſe où je vous vois ſoit éternelle : elle ſe diſſipera : l'illuſion diſparaîtra malgré vous : vous verrez alors toute l'ignominie de la ſource où Lucile a puiſé la vie : des doutes cruels ſur ſon innocence

innocence viendront vous tourmenter ; & cette Lucile, aujourd'hui si touchante..... —— Laissons Lucile, Monsieur, & finissons un entretien que je n'oublierai de longtems. Ah! cruel ami! ignorez-vous, à votre âge, qu'il est des remedes plus terribles que le mal même ! En prononçant ces mots Durichemont sortit, & courut s'enfermer dans son apartement.

Dans le silence de la nuit, le tendre amant de Lucile repassa tout ce que son gouverneur venait de lui dire. Il lui donnait presque raison, sans néanmoins changer de dispositions pour Lucile, lorsque l'image de cette belle fille vint s'offrir à son imagination : il tressaillit, comme s'il l'eût vue elle-même : ces mots, gravés en traits de flâme dans son cœur : *Quoi ! si-tôt !* le regard qui les avait accompagnés, le ton dont elle les avait prononcés; cet attendrissement; ces larmes; tout cela détruisit en un instant ce que le vieillard croyait avoir gagné sur le cœur de son élève. Durichemont se rapela, que dans la conversation, Lucile avait laissé échaper, qu'*il était un bien* qu'elle *préférait à ce que le monde a de plus brillant.* Il se promit de la faire expliquer le lendemain. Il s'endormit dans cette pensée, & l'essaim voltigeant des ſonges ne lui préſenta que Lucile.

CHAPITRE XVII.

Eſſai.

—BELLE Lucile, j'ai recours à vous : les diſpoſitions où vous me paraiſſez me répondent que vous vous préterez à mes vues : elles ſont raiſonnables, juſtes, & garantiront Durichemont & vous-même de malheurs épouvantables. —S'il s'agit de ſauver Monſieur Durichemont de quelque danger, parlez, diſpoſez de moi : y pourrais-je quelque choſe ? que faut-il faire ? Dites donc vîte, je vous en prie ? ——Modérez-vous, reprit le vieillard : le danger, c'eſt vous qui le faites naître, & vous ſeule y pouvez aporter le remède. Durichemont eſt jeune, bouillant, tendre, ſur-tout ; il vous adore : Si nous étions au fond d'un deſert, inconnus à tous l'univers, il pourrait vous épouſer : mais il eſt riche, connu : s'il vous épouſe, il ſe perd, & vous expoſe vous-même au mépris de ce monde vain, de ces femmes que votre beauté rendra jalouſes ;

de ces petits-maîtres, que vos vertus effaroucheront. Si vous aviez des parens qu'on pût avouer, aimable Lucile, ces obſtacles diſparaîtraient. Je n'ai pas l'injuſtice de vous faire un crime de votre manque de fortune, ni même de tout le reſte, quoique cela ſoit d'une conſéquence infinie, & qu'une ſeule des choſes qui ſe trouvent en vous puiſſe faire manquer une alliance d'ailleurs convenable. Je vous le répète : Hier, je fus ſurpris de votre façon de penſer, ſage, raiſonnable, digne en un mot de tous les éloges : j'oſai former un projet, & le fonder ſur votre vertu : je l'exécute aujourd'hui, en excitant votre générosité, & je ſuis ſûr que votre âme ſera capable de cet effort. Durichemont n'eſt plus à lui-même ; il eſt tout entier à vous : vous pouvez l'égarer, le ſauver, le perdre : oſez le rendre à lui-même ; oſez n'envisager de recompenſe de cette action généreuſe, que l'action elle-même : car ce que j'ai à vous offrir, n'eſt pas digne de vous-être préſenté. Pour aſſurer votre ſort, dans l'état que vous voudrez choiſir, je vous conjure d'accepter mes épargnes de quarante ans : la ſomme eſt médiocre ; mais elle peut vous faire trouver pour mari un honnête artiſan, auquel vous ferez une eſpèce de fortune, qui vous chérira, & dont la famille ne vous reprochera rien : voilà dix mille écus : en vous mariant, le contrat vous aſſurera la propriété de quelques fonds que je poſſéde encore, & dont vous jouirez, lorſque j'aurai terminé cette carrière, dont j'aperçois le terme. Je n'ai qu'une ſœur; elle eſt riche.... & n'a plus d'enfans...... (le vieillard accompagna ces mots d'un profond ſoupir) des malheurs imprévus l'en ont privée. (Et voilà donc, ô ciel! des effets de ta puiſſance, & de ta juſtice peut-être! une épouſe vertueuſe perd une fille chérie : & la Courton eſt mère de Lucile!..... dit à part le gouverneur.) Ainſi, je ne ferai tort à perſonne, en diſpoſant de mon bien en votre faveur. Lorſque Durichemont viendra, oſez vous-même lui dire ce que vous aurez réſolu; mais cachez-lui cet entretien. Vous le ſavez, belle Lucile, votre naiſſance eſt une tache irréparable : Outre que votre mère n'eut jamais d'époux, un métier infâme..... Pardonnez; vous n'êtes que malheureuſe, & non coupable : mais, ſi je vous remets ces choſes devant les yeux, c'eſt pour juſtifier mon zèle. Parlez, que dois-je eſpèrer?..... Aimable Lucile, vous pleurez! Ah! ſéchez ces larmes; elles me déchirent l'âme : c'eſt malgré moi que je les ai cauſées.

—Monſieur, répondit Lucile, vous ne me connaiſſez pas ; vous êtes excuſable. Je vous dois trop, pour jamais vous haïr, quand même vous me feriez du mal ; jugez de mes ſentimens, lorſque vous me traitez comme votre fille. Oui, pour vous donner une preuve de mon reſpect & de ma reconnoiſſance, qui vous convainque tout-d'un-coup de leur étendue, je vous promets d'accepter vos offres, s'il eſt vrai que je puiſſe faire tout le mal que vous dites à Monſieur Durichemont. Mais, eſt-il bien ſûr qu'il m'aime aſſez pour me ſacrifier ſa fortune, & l'eſpoir d'une alliance avantageuſe ? Qu'il paſſe ſur tout le mal qu'il doit croire de moi, qui me ſuis donnée ſans réſiſtance ? J'en doute encore, & j'attendrai que lui-même me l'ait aſſuré. Quant à ma mère, ce que vous m'en avez apris, eſt nouveau pour moi. Je ſais qu'elle eut tort de me mettre entre les mains des livres dangereux, d'offrir, dans ſes entretiens, à mon imagination flexible, des tableaux qui me font rougir aujourd'hui : mais n'eut-elle jamais d'époux, c'eſt-ce que j'ignore.... Vous dites qu'elle fait un métier infâme : il eſt vrai qu'elle a livré sa fille ; mais si l'on juge de cette action par ses suites, qu'a-t-elle de condamnable? Si c'est un crime, il est secret ; qui pourra le lui reprocher ? Ce ne sera ni vous aparemment, ni Monsieur Durichemont, ni moi. —— Ah ! Mademoiselle, si votre mère n'avait commis que celui-là ! —— A-t-elle fait la même chose d'autres filles qu'elle avait? —— Entendons-nous: Dissimulez-vous avec moi, Lucile, & voulez-vous tout nier? ou, ce que je ne crois pas possible, ignoreriez-vous que votre mère.... Pourquoi m'obliger à vous dire ce que vous savez? —Ce que je sais!... Vous m'aviez montré quelqu'estime, Monsieur : peut-être la méritais-je. —Mais, comment voulez-vous que je croye que le métier de votre mère... ce commerce... que tout cela ne vous ait jamais été connu? —— Eh ! quel est-il donc ce métier?.... Je n'ai pas toujours été avec ma mère ; & durant quelques mois que je viens d'y passer, exactement renfermée dans une chambre particulière, je n'ai vu personne qu'elle ; &, par intervalle, deux jeunes filles, qui travaillaient chez elle à ces ouvrages que j'ai repris depuis huit jours. —(O! ciel, se pourrait-il que l'infâme eut épargné sa fille, dit en lui-même le gouverneur ! Ce ſerait toujours une honte de moins pour Durichemont. Mais frapons les derniers coups.....) Je crois ce que vous me dites, Mademoiſelle. Vous êtes équitable : jugez, après ce qu'à mon tour je vais vous aprendre, de quelle honte votre amant ſe couvrirait, en vous épouſant ; à quels mépris vous vous expoſeriez vous-même dans le monde, & combien vous ſeriez malheureux tous deux un jour. Pardonnez cependant : la néceſſité, & non l'indiſcrétion m'ouvre la bouche, Belle Lucile, c'eſt un ſi grand bonheur de vous avoir donné le jour, que je ne ſaurais concevoir que le ciel l'ait réſervé pour l'indigne Courton. C'eſt la vérité, cependant ; j'en gémis : Vous êtes fille d'une malheureuſe qui trafique de la pudeur & de l'innocence des jeunes infortunées qui tombent entre ſes mains ; qui les proſtitue à tout venant ; en un mot, ſa maiſon porte ce nom ſcandaleux qu'un honnête-homme ne doit pas prononcer. Vous-même avez été livrée pour une ſomme à Durichemont : le hazard vous a ſauvée : ſi vous euſſiez tombé en d'autres mains, vous ſeriez déja plongée dans la fange, & peut-être une de ces libertines qui ramaſſent les paſſans & les entrainent chez elles..... ——Arrêtez

Monſieur.... Quoi! c'eſt-là ce que je ſerais devenue ! ajouta Lucile avec effroi : Telle eſt celle que j'ai crue ma bienfaitrice... J'aurais dû la reconnoître à ſes pernicieuſes inſtructions..... Ah ! malheureuſe! Et je ſens que mon cœur, mon faible cœur, gâté par l'infâme, aurait conſenti à ma honte!.... Sans Durichemont & ſans vous, Monſieur, j'étais perdue. (O dieu! ſe diſait-elle, en redoublant ſes larmes, je l'avais mérité.... J'ai plongé le poignard dans leur cœur.... j'aurais pu tenter d'autres moiens pour les fléchir....) Puis s'adreſſant au gouverneur. ——Laiſſez-moi, Monſieur; je prendrai la réſolution que le ciel m'inſpirera, & peut-être en ſerez-vous content.

— Que ſignifie tout ceci, diſait le vieillard en ſe retirant? Cette fille me touche, me ſéduit; mon cœur prend ſon parti contre ma raiſon..... Je me perds à tout ce qu'elle dit..... Hélas! je le ſens; à tout âge, un petit grain de folie ſe mêle à notre ſageſſe.

Reſtée ſeule, Lucile ſe repréſenta toute l'horreur du danger qu'elle avait couru. Elle ſe rapela la ſcène des voleurs prétendus; & la triſte vérité deſcendit dans ſon cœur. Son eſprit s'était éclairé, depuis ſon ſéjour chez Durichemont ; & d'un autre côté, les diſcours peu retenus de la Courton avaient déchiré le voîle. ——Si je ſuis encore innocente, ſe diſait-elle, c'eſt au reſpect de Dangeot, & du tendre amant que j'adore aujourd'hui, que j'en ſuis redevable : Ah ! Durichemont, que tu me deviens cher !.. Il me croit fille de la Courton, qu'un commerce infâme fait vivre, qui m'a vendue : & cependant on m'aprend qu'il m'aime aſſez pour vouloir m'épouſer !... Divin amant ! mon cœur connait enfin tout ce que tu vaux : Je ne ſuis point indigne de toi : quel bonheur !... Mais eſt-il ſûr de mon innocence ? Dans les lieux où il m'a trouvée, la vertu n'eſt jamais ſans atteinte...... Il pourrait me croire une fille perdue, dont la jeuneſſe & la beauté profanées.... Ah dieu ! cette idée eſt affreuſe...... Il faut l'inſtruire ; lui tout découvrir.... Et mes parens ?.... Ils voudront peut-être me livrer à Fiſiomon ! .... Mon amant ne leur aprendra rien encore ; il m'épouſera ſans qu'ils le ſachent, & nous les avertirons, lorſque tout ſera fait. Cette idée, que la moindre connoiſſance des coutumes ou des loix eût fait évanouir, la tranquilliſa : Elle prit un livre, & commença ſes exercices ordinaires.

CHAPITRE XVIII.

LUCILE *aime & le dit.*

DURICHEMONT n'avait pu voir ſa maîtreſſe, comme il ſe l'était propoſé. Un des parens de ſa mère l'était venu prendre, & l'avait entraîné dans une maiſon où ils dînèrent. Quelqu'amuſante que fût la ſociété qui s'y rencontra, l'amant de Lucile *s'ennuya à mourir* : les agaceries d'une très-jolie perſonne, les careſſes d'une mère qu'elle avait, ne purent le diſtraire qu'un moment. Dès qu'il fut poſſible de s'échapper avec décence, il vola chez lui, ou plutôt dans l'apartement de Lucile. L'accueil qu'il reçut de ſon amante le pénétra : elle lui laiſſa voir tout le plaiſir que lui cauſait ſa préſence.

Durichemont ne penſait pas aſſez avantageuſement de lui-même, pour croire que ſon entretien devait tenir lieu de tout à Lucile : il lui propoſa d'aller au ſpectacle : Lucile était dégoutée des *italiens* ; elle le dit à ſon amant. — Eh bien ! allons aux *français*, reprit le jeune-homme ; c'eſt auſtre genre, qui, j'en ſuis ſûr, vous plaîra. L'aimable fille eût mieux aimé reſter; elle avait bien des choſes à dire à Durichemont; mais elle ceſſait d'être petite-maîtreſſe; elle ne croyait plus que les hommes devaient en eſclaves ſe conformer à tous ſes gouts; & même les deviner; elle eut la complaiſance de ſe rendre, ſans ſe faire preſſer. Elle s'habille : ſon amant, en lui diſant mille choſes flateuſes, l'aidait : le tendre cœur de la jeune Lucile palpitait de plaiſir : vingt fois elle fut ſur le point de commencer l'explication deſirée; elle remit toujours. Enfin elle eſt prête : ils partent. On donnait *Cénie*; la toile ſe léve dès qu'ils ſont placés. Au théâtre frivole, Lucile n'écoutait que quelques ariettes; durant les morceaux de déclamation, les *duo*, le tintamarre des *trio*, des *quattuor*, des *quinque*, &c. elle cauſait avec ſon amant : elle comptait en faire autant, & s'amuſer au moins par-là. Mais dès la première ſcène, émue, attendrie, ſes yeux ſe fixèrent ſur le théâtre, & s'en détournaient à peine aux entr'actes. Durichemont voyait le plaiſir qu'elle goutait, & c'en était un ſi doux pour lui, que ce moment le dédommagea de la contrainte de la journée. Lorſque Lucile s'attendriſſait, Durichemont lui ſerrait la main : dans l'endroit le plus touchant, par diſtraction, ou par un mouvement de tendreſſe qui l'emporta, l'aimable fille répondit à ſon amant de la même manière. Tous les ſens de Durichemont s'émurent : il ſentit un délicieux frémiſſement : — Lucile, lui dit-il à l'oreille, vous êtes la divinité de mon cœur ; daignez être mon épouſe ; recevez dès ce moment le ferment que je vous fais, de vous donner ma main & ma foi. Lucile ſourit en rougiſſant, & preſſa contre ſon cœur la main de l'aimable jeune-homme. ——Ah ! voilà le bonheur que j'ai ſi vivement deſiré, ſe diſait Durichemont ! Eſt-il rien au monde qui vaille Lucile ! mon précepteur penſerait comme moi, s'il était aimé.

La pièce finit : *le Mariage forcé* la ſuivait. Lucile s'attendait à de nouvelles merveilles ; & le nom de *Molière* dont ſon amant lui dit qu'était cette petite comédie, augmentait l'idée avantageuſe que *Cénie* lui faiſait concevoir de tout ce qu'on donne aux *français*. Mais, grand dieu ! quel fut ſon étonnement ! Dès qu'elle eut entendu l'indécente énumération que fait *Sganarelle* des charmes de ſa maîtreſſe, elle ſe leva. Durichemont en riant, lui donna la main ; ils ſortirent. — Comment, lui diſait Lucile en chemin, peut-on, ſur le même théâtre, repréſenter de ſi belles choſes, & d'auſſi mépriſables! jouer des pièces ſi touchantes, & d'autres, dont les baladins même rougiraient! ——Il eſt vrai, répondit Durichemont; & dans l'endroit qui vous a le plus révoltée, tout le *parterre*, tranſporté au milieu des *balles*, s'eſt cru permis d'ajouter en *chorus* aux galanteries de *Sganarelle*, l'expreſſion la plus obſcène.

De retour au logis, Durichemont & ſon amante ſoupèrent tête-à-tête. ——Oui, mon adorable Lucile, lui diſait le jeune-homme, je vous confirme ma promeſſe : Mon bonheur dépend du don de votre cœur : vous êtes la maîtreſſe du mien : puis-je croire, qu'un jour vous ne ſerez pas inſenſible? —Je vous aime, Monſieur, reprit Lucile, par reconnoiſſance..'' —Eſt-ce le ſeul motif? ——Non, mon reſpectable ami, je vous aime encore par choix & par inclination. —Ah Lucile! ah mon amante!... ——Cependant, ne dois-je pas craindre, qu'en recevant votre main, un jour le repentir... ——Vous me faites injure! Non, Lucile, non... Qu'allez-vous penſer?.... C'eſt vous qui me faites grâce en vous donnant. ——Mais.... & ma mère? ——Il eſt vrai qu'elle ne mérite pas que vous lui donniez ce nom : ſa conduite à votre égard diſpenſe des devoirs de la nature. Je l'ai pour jamais bannie de chez moi, oublions-la, belle Lucile, ce n'eſt pas un crime. —Ah! cher amant! vous m'avez cru fille d'une Courton; vous m'avez priſe chez elle..... vous avez des ſoupçons peut-être.... (eh! qui n'en aurait pas!....) & vous ne m'avez pas mépriſée!.... Tant de généroſité me pénètre d'un ſentiment pour lequel il n'eſt point de termes. Adorable amant, ſi j'étais ce que vous penſez, je me ſens à mon tour aſſez de grandeur d'âme & de gratitude, pour vous refuſer, & vous rendre à vous-même; vous empêcher de vous deshonnorer. ——Qu'allez-vous me dire, chère, Lucile! quel eſpoir faites-vous briller au fond de mon cœur!.... (Ciel! vérifie mes conjectures!....) —— Je ne ſuis point fille de l'infâme Courton : j'ignorais ce qu'elle était; & ce n'eſt que de ce matin ſeulement qu'on me l'a apris. Durant mon ſéjour chez elle, cette miſérable n'a ſali que mon imagination, j'ai toujours été renfermée, & je n'ai vu qu'elle & deux filles : Je ſais que l'intérêt ſeul la guidait : elle m'a vendue : ce n'eſt encore que de ce matin que j'en ſuis inſtruite : voilà la vérité : s'il en faut des preuves, je me soumets à toutes celles que vous voudrez exiger. ——Quel bonheur, grand dieu!..... ah Lucile! je me plaignais que le ciel eût formé son plus bel ouvrage d'un sang impur : j'étais injuste. Céleste père de toute la nature, tes vues sont bien au-dessus des nôtres! la bonté les règle aussi-bien que ta justice; & tandis, aveugles que nous sommes! que nous nous épuisons en murmures, tu prépares notre félicité. ——Je suis digne de vous, cher Durichemont, par ma naissance, par ma fortune, par ma tendresse, &, j'ose le dire, par une autre raison encore : Jamais homme n'obtint rien de moi; & s'il en est un qui m'ait témoigné des desirs, vous ne pouvez m'en faire un crime sans vous blâmer : c'est vous-même. —Laissez-moi respirer, chère Lucile.... Pardonnez une témérité, hélas! trop coupable : Eh! connaissais-je le trésor que je possédais!..... Fille adorable! achevez de m'instruire : Quels malheurs vous avaient donc fait tomber entre les mains de la malheureuse qui voulait vous rendre aussi vile qu'elle-même? Alors Lucile raconta son histoire à son amant : Elle lui parla de Fisiomon, de Dangeot; elle ne lui déguisa rien; ni sa fuite; ni son goût pour le jeune commis de ſon père : Mais en même tems elle lui parla de ſa retenue & de ſon reſpect, avec une vérité ſi naïve, que Durichemont fut perſuadé. Elle lui peignit ſa haîne pour Fiſiomon, ſa frayeur quand elle le ſut à Paris. Le jeune-homme verſa des larmes, en ſe répréſentant ſa chère Lucile égarée, ne ſachant où fuir, où ſe ſauver, tombant entre les mains de la Courton — Ah! que ne vous ai-je rencontrée, s'écria t-il, en friſſonnant du péril de celle qu'il aimait plus que ſa vie. Lucile lui rendit compte enſuite du progrès de ſes ſentimens pour lui ; & de ſon retour à la vertu. Elle n'avait pas encore parlé de ſes parents. Durichemont trouvait des raports...... Il était dans la plus vive impatience : mais il attendait que Lucile s'expliquât d'elle-même. Enfin elle fit connaître ſa famille & nomma ſon père. ——Ah! ciel! ſe peut-il! s'écria Durichemont tranſporté! votre père eſt Monſieur de Fumeterre, de la ville d'A... votre mère ſe nommait Mademoiſelle d'Anville? —Oui, Monſieur. —Oh! quelle ſera ſa ſurpriſe!.. Mon adorable épouſe, je vous quitte : mon gouverneur, que je reſpecte mille fois plus que jamais, aurait droit de trouver mauvais que je reſtaſſe plus tard : Demain dès le matin nous vous rendrons viſite

visite ensemble. Adieu... Je sens, en m'éloignant de vous, que je me sépare de la plus chère moitié de moi-même. Mais il le faut.... Lucile ! belle Lucile! je ne vous aime pas davantage, mais.... Mais je sens que vous serez plus heureuse, & je ne saurais exprimer tout ce que cette idée ajoute à mon bonheur. Il lui baisa mille fois la main ; resta long-tems encore, en paraissant toujours sur le point de s'en aller : Enfin ayant entendu son gouverneur, qui revenait de souper en ville, il courut à lui.

CHAPITRE XIX.

Contretems & reconnaissance.

— Vous venez d'entretenir Lucile, dit le vieillard à son élève, dès qu'il l'aperçut : & je m'assure d'avance, qu'elle aura fait ce qu'elle m'a promis. Vous voyez bien, qu'il est impossible qu'elle devienne votre épouse. Je suis chargé de la part de votre famille, de vous aprendre qu'elle a des vues pour vous. J'étais ce soir avec les personnes chez qui vous avez dîné ; & l'aimable Demoiselle que tantôt vous y avez vue, est celle qu'on vous destine : son bien est considérable, sa famille honnête & dans les emplois ; ce parti vous convient à tous égards ; tous ceux qui vous aiment desirent cette union, & vos parens ont répondu de vous. On m'a consulté sur votre attachement, pour une inconnue, qui vit chez vous : On parlait d'obtenir un ordre sécret, pour la faire renfermer dans un couvent : J'ai dit que cela devenait inutile : je vous ai rendu justice, à vous-même, aussi-bien qu'à la jeune & belle Lucile, de manière, que son séjour ici ne vous fait aucun tort à tous deux. On avait peine à m'en croire; mais l'offre que j'ai faite de les convaincre dès demain de votre déference à leurs sages avis, & de la générosité des sentimens de Lucile, les a ramenés. Je suis charmé que dans une conjoncture où vous auriez difficilement remporté la victoire sur votre panchant, la proposition d'un établissement avantageux, & la considération que vous devez aux parens de votre mere, vienne à votre secours. D'ailleurs, il ne faut pas vous cacher, que si vous resistiez, vous ne seriez cependant pas le maître d'épouser Lucile. Une lettre de cachet ferait disparaître pour jamais votre maîtresse....

— Ah! mon papa, répondit Durichemont, qu'avez-vous fait? & pourquoi, sans me consulter, vous prêter à des arrangemens qui ne sauraient avoir lieu? — Quoi! ce que doit vous avoir dit Lucile n'a fait aucune impression sur vous! — Pardonnez-moi: ce qu'elle m'a dit, cette fille adorable, m'a pénétré, a rempli mon cœur de joie; m'a délivré d'un insuportable fardeau, ce qu'elle m'a dit, permet à mon amour d'éclater aux yeux de tout l'univers...... ——Je conçois que la généreuse résolution de vous rendre à vous-même eſt un effort peu commun, & qui doit lui faire honneur : mais elle eſt nulle, ſi vous n'y avez égard ? ——Vous n'avez aujourd'hui employé vos ſoins que contre vous-même.... Aprenez que Lucile n'eſt point ce que vous la croyez.... Non.... la Courton n'eſt point ſa mère ——Que me dites-vous!...... Mais vous l'avez trouvée chez elle : qu'importe qu'elle ſoit ſa fille ou non : l'infamie la couvre également : Si la Courton n'eſt pas ſa mère, elle avait vendu ſon innocence avant de vous livrer Lucile : j'aurais préféré pour elle ſon premier malheur.. ——Comme vous êtes ingénieux à vous tourmenter ! Lucile en eſt ſortie comme elle y était entrée : C'eſt un miracle, il eſt vrai ; mais le ciel le devait à mon amante.... Vous m'avez ſouvent parlé d'une nièce, jeune, belle, que ſes parens voulurent contraindre.... —Eh bien —Elle haïſſait le mari qu'on voulait lui donner : elle s'échapa...... —Qu'ont de commun les malheurs de ma famille avec votre paſſion ? —Heureux vieillard ! cette nièce, cette fille charmante, qui fut ſi long-tems l'objet de l'eſpoir le plus doux, c'eſt ma Lucile..... — Qu'entends-je, dieu tout-puiſſant !..... Lucile !..... Eh voilà donc pourquoi je ne pouvais la haïr ! mon cœur était ému lorſqu'elle me parlait.... — Jugez ſi cette découverte me la rend moins chère !...... Ah ! ſi vous ſaviez tout ce qu'elle m'a dit de tendre..... Mais auſſi, j'étais ſurpris de tant aimer, & d'être ſi retenu : mon cher papa, le ciel n'a pas voulu que je manquaſſe à ce que je vous devais...... Admirez par quelles routes il vous la ramène : de quels moyens il ſe ſert pour m'unir à vous ! L'innocence de Lucile eſt entière : cette fille touchante ne m'a rien caché ; elle me l'eût avoué comme le reſte, ſi... J'ai vu ſon âme toute nue : non, Lucile n'aurait pas menti. Pendant que Durichemont parlait, le vieillard hors de lui, l'écoutait avidement, & donnait les ſignes de la plus vive impatience. — Ah mon cher fils, nous allons tarir les larmes de parens infortunés. —— Vivent-ils encore ! La ſeule crainte de Lucile eſt que leur douleur ne leur ait été funeſte. — Oui, mon fils, tous deux reſpirent...... Mais courons auprès de ma nièce : il me ſemble que je vais la voir pour la première fois. Chère Lucile ! que tu vas être heureuſe ! un jeune-homme aimable, tendre & vertueux ſera ton époux...... — Vous y conſentez donc, mon papa ?....... Le vieillard était parti : il courait chez Lucile. Durichemont transporté hors de lui, suivait son gouverneur.

Lucile venait de se mettre au lit : on frape à coups redoublés, la femme qui la servait ouvre : l'aimable fille voit son amant & le gouverneur. La joie brillait sur leurs visages : Durichemont ne peut se contenir : il se précipite sur le lit de Lucile ; &, malgré sa résistance, il la presse dans ses bras ; sa bouche se colla sur celle de cette fille aimable : Le vieillard la nomme sa chère nièce, & laisse couler des larmes d'attendrissement. — Expliquez-moi ce que j'entends, dit timidement Lucile à Durichemont ?.... — Ma chère Lucile, intérompit le vieillard, en sanglotant, est-ce bien toi ? Es-tu la fille d'une sœur chérie que je n'ai pas vue depuis vingt ans ?.... Je me nomme d'*Anville*, &.... — Vous ! le frère de ma mère, s'écria Lucile ! ah ! mon cœur vous avait reconnu. Mon respect, ma soumission à tous vos avis c'était la nature qui me les inspirait. (Hélas ! pourquoi sa voix ne se fit-elle pas toujours aussi clairement entendre !) Daignez m'aprendre le sort d'un père, d'une mère.... — Ils vivent, chère amante, s'écria Durichemont. — Oui, ma fille, continua le vieillard ; ils vous aiment, ils ſe réprochent l'injuſte traitement qu'ils vous firent éprouver. Ils vont mourir de joie en vous revoyant heureuſe, aimée.... Lucile ! rien ne troublera-t-il ces momens ſi doux!.... Vos fautes feraient leur crime... —Le ciel, mon bonheur, cet aimable jeune-homme & vous, m'avez ſauvée, cher oncle : Je le jure. —Je te crois, ma fille. En même tems il prit Durichemont par la main, & l'entraina : il était tard; ils allèrent ſe repoſer.

CHAPITRE XX.

Ce qu'on doit ſouhaiter à bien des femmes.

LE lendemain Monſieur d'Anville courut chez les parens de ſon élève, retirer la parole qu'il avait donnée pour lui. Lucile valait à tous égards le parti qu'on deſtinait à Durichemont. Sans la nommer, il les aſſura que le jeune-homme s'était engagé avec une perſonne aimable & riche, dont l'alliance était convenable. Ceux-ci ſe hâtèrent d'aller faire leurs excuſes à la famille de la Demoiſelle qu'ils voulaient donner à Durichemont : De dépit, elle épouſa un fort honnête-homme, que l'eſpoir d'être au ſéduiſant amant de Lucile, avait fait dédaigner ; & l'on dit qu'elle eſt heureuſe.

Quelques jours s'écoulèrent, pendant leſquels le vieillard écrivit à A***, & Durichemont s'enivrait du plaiſir de voir & d'entretenir Lucile. Il liſait avec ſon amante l'*Emile* de J. J. R*** : ſans aprouver entièrement cet ouvrage, où l'eſprit juſte de

Lucile trouva des choſes réprehenſibles, elle fut touchée de la maniére d'aimer de la vertueuſe *Sophie* & de la ſage conduite de ſes parens. La réſerve de cette tendre amante du jeune *Emile*, ne manqua point ſon effet, ſur un cœur guéri des funeſtes atteintes qu'avait porté la Courton. Le gout de la belle de Fumeterre commençait à ſe décider pour les ouvrages ſolides, qui ſuccédèrent à celui-ci : Elle demanda l'hiſtoire ancienne de *Rollin*, & celle de France : elle ſe propoſait d'étudier la nature dans *de Buffon*; de s'égarer dans les mondes avec *de Fontenelle*; d'effleurer tous les genres de littérature avec *de Voltaire*; de ſe délaſſer quelquefois avec *Boileau*, *Chaulieu*, *Rouſſeau*, *Desboulieres* & *Dorat* : & tout cela ſe fit dans la ſuite; mais ſans prendre ſur le travail, & les autres exercices qu'elle s'était preſcrits. Toutes les actions de l'aimable fille annonçaient qu'elle était redevenue comme auparavant la première viſite de Fiſiomon, & ſon malheureux ſéjour chez une apareilleuſe. Quel retour heureux ! Il eſt auſſi rare qu'il eſt deſirable.

Un ſoir Durichemont lui propoſa d'aller encore aux *français*. Lucile n'y conſentit, qu'à condition que ſon oncle les accompagnerait. Ils virent *la Gouvernante* & *Nanine.* Tous les préceptes de la Comteſſe d'*Asfleurs* à ſa fille ſe gravèrent en caractères ineffaçables dans l'âme de Lucile. Durichemont lui prenait la main : Mademoiſelle de Fumeterre, dont l'amour croiſſait, bien loin de diminuer, eut le courage de la retirer : ſon amant parut affligé : elle le raſſura par le regard le plus tendre. Quand on eut joué les deux pièces, elle dit à Monſieur d'Anville : Oui, je le ſens, il ſerait plus avantageux de ſervir, de vivre dans la miſère, que dans le deshonneur. Il eſt donc vrai, & tout me l'annonce qu'il vaudrait mieux accepter une choſe déſagréable, en demeurant dans l'ordre preſcrit par la nature, que de chercher par la déſobéiſſance un bonheur imaginaire... Comme *Angélique* obéit à ſa mère, dès qu'elle l'a reconnue ! Comme *Nanine* a de la piété ! elle ſe prive de tout, pour l'envoyer à l'auteur de ſes jours : & moi, j'ai deſeſpéré des parens reſpectables ! Mon cher oncle, me pardonneront-ils ?.. Croyez-vous qu'ils me pardonnent ? Je les ai tant offenſés !

En arrivant chez elle, Lucile voulut quitter ſon apartement, & loger dans une chambre à côté de celui de ſon oncle ; ne voir ſon amant que par les ordres & en la préſence du vertueux vieillard. Cette réſolution n'effraya point Durichemont ; au contraire, elle le combla de joie : Un véritable amant préfère à ſes plaiſirs l'honneur de ce qu'il aime. Lucile ceſſa d'être chez lui : elle ne dépendit plus que de ſon oncle : l'honnête jeune-homme partagea la ſatisfaction que ſa maîtreſſe en reſſentait : Monſieur d'Anville nageait dans la joie ; ſon beaufrere & ſa ſœur, inſtruits du ſort de leur chère fille, volaient à Paris pour l'embraſſer, oublier tous leurs chagrins, & l'unir à ſon amant.

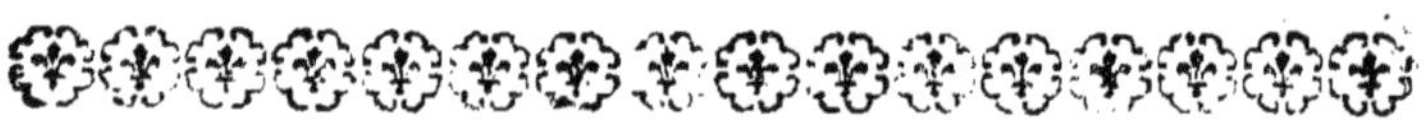

CHAPITRE XXI.

Surprises.

MONSIEUR & Madame de Fumeterre allaient arriver. Le gouverneur, Lucile & Durichemont avaient une égale impatience de les embrasser. Tous trois s'étaient levés beaucoup plus matin qu'à l'ordinaire. La porte-cochère s'ouvre; une voiture entre : Lucile, son amant & son oncle volent au-devant. Un inconnu se présente : il était magnifiquement mis : son teint un peu hâlé annonçait un voyageur. Il parle : & Lucile s'écrie : Serait-ce Monsieur Dangeot! ——Oui, Mademoiselle, répond le jeune-homme : Je viens de la *Martinique* : je suis à Paris depuis huit jours; j'ai couru chez notre ancienne hôtesse, que j'avais conjurée de tout tenter pour vous découvrir, & à laquelle j'avais remis pour vous les deux tiers de l'argent que me laissa Monsieur votre père en m'ordonnant de fuir : ses recherches ont été vaines. Hier j'allai par hazard aux *français* : je vous ai aperçue; j'étais dans une loge à côté de la vôtre : l'habit que je portais ne me permit pas de vous parler ; mais je vous fis ſuivre. L'état où je vous vois m'annonce que vous êtes reconciliée avec vos parens : Seriez-vous auſſi l'épouſe de Fiſiomon? Lucile rougit, en lui repondant : — Non, Monſieur. ——J'en loue le ciel, reprit Dangeot. Un bonheur conſtant m'a ſuivi depuis mon départ de France. En arrivant dans une terre étrangère, je plus à un vieillard fort riche : Nous nous entretinmes enſemble ; je lui dis mon nom ; il ſe trouva mon parent : Je quittai le ſervice (car j'étais ſoldat) & j'ai vécu près d'une année avec lui. Son amitié pour moi alla toujours en croiſſant. Il tomba malade, & ſentant ſa fin aprocher, il me fit ſon héritier, ſans autre condition que de chercher une nièce qu'il me dit avoir laiſſée fort jeune à Paris, & dont il n'avait jamais eu de nouvelles : il m'ordonnait de l'épouſer ; ou, ſi je la trouvais mariée, de partager ſa ſucceſſion avec elle. Je n'ai pu rien découvrir encore : mais quand je l'aurais rencontrée, je ne ſaurais être à la nièce de mon bienfaiteur. — Pourquoi, reprit Lucile toute troublée? Dangeot baiſſa les yeux, rougit, & ajouta : — Mademoiſelle, je vous le dirai, ſi l'on nous laissé seuls un moment. ——Il n'est pas nécessaire, repliqua la jeune de Fumeterre : mon oncle & Monsieur ne sont point de trop. -- Ah Monsieur ! s'écria Dangeot, en s'adressant au vieillard ; vous êtes l'oncle de Mademoiselle Lucile ! Vous devez avoir une étrange opinion de moi : je vais la faire cesser.

Tandis qu'il parlait, Durichemont fesait dans son cœur tous les efforts imaginables pour haïr son rival, & ne pouvait en venir à bout. On rentra. Lorsque l'on fut disposé à l'écouter, Dangeot commença l'éclaircissement qu'il avait promis, en ces termes :

“ Un frère aîné de mon père, quitta „ le pays dès l'enfance : on le crut mort : „ au bout de trente ans il reparut ; il ve„ nait jouir dans sa patrie de richesses con„ sidérables qu'il avait amassées. Mademoi„ selle le connaît, c'est Monsieur *de la* „ *Marre.* Il s'était marié ; mais il n'avait „ point eu d'enfans : le plus grand de ses „ desirs était de laisser un héritier de notre „ nom, qui s'apelât Monsieur *Dangeot de* „ *la Marre*, & qui succédât à la charge „ qu'il avait acquise. Mon père était beau„ coup plus jeune que lui : il voulait le „ marier ; l'amour dérangea les mesures

„ de la fortune, une jeune perſonne, or-
„ feline, jolie comme une des grâces, qui
„ comptait à peine treize ans accomplis,
„ ſuivit mon père juſqu'à A*** à l'inſçu
„ de ſon tuteur. On dit que c'était un en-
„ lèvement; il fallut les unir. Mon oncle
„ y donna les mains : mais il était irrité :
„ il déclara à ſon frère, qu'il ne lui aſ-
„ ſurerait ſon bien qu'à la naiſſance d'un
„ fils; & que s'il n'avait pas le bonheur
„ d'en avoir un, il ſe choiſirait un héri-
„ tier dans de petits-couſins qui portaient
„ notre nom. Je vins au monde au bout
„ d'un an : je ſuis l'unique fruit de l'union
„ la plus tendre, & je n'étais pas du ſexe
„ qui devait hériter de Monſieur de la
„ Marre.... ——Que dites-vous, intérompit Durichemont! ——La vérité,
Monſieur, reprit Dangeot; j'étais fille,
& je le ſuis encore. ——Ciel! s'écrièrent à la fois le vieillard, Lucile & ſon
amant! ——C'était ſous les habits de mon
ſexe que j'étais hier au ſpectacle à côté
de vous, avec notre hôteſſe; voilà pourquoi vous ne m'avez pas reconnue, & ce
qui fit que je ne voulus pas vous parler.
Je reviens à mon récit. „ La ſage-femme
„ était gagnée : on trompa mon oncle : il
„ crut avoir un neveu : Il promit de me

„ donner ſa charge & ſon bien en me ma-
„ riant. Mes parens eurent grand ſoin de
„ tenir cette promeſſe ſecrette : Je parus
„ toujours pauvre. Ils eſpéraient que, tôt
„ ou tard, un véritable garçon les mettrait
„ dans le cas de ne rien craindre. Ce fut
„ en vain qu'ils comptèrent là deſſus. Je
„ grandis : mon père & ma mère trem-
„ blaient que le miſtère ne ſe découvrit ſi
„ je vivais ſous les yeux de mon oncle :
„ ils m'envoyèrent ici, chez des perſonnes
„ dont ils étaient ſûrs, & qui ſe prétaient
„ volontiers à leur aſſurer la ſucceſſion de
„ leur frère. Lorſque j'eus accompli dix-
„ huit ans, mon oncle ayant voulu m'a-
„ voir auprès de lui, on me mit au fait
„ de tout ce que je devais ſavoir, & je
„ revins à A***. Je ne ſais s'il n'avait
„ pas des vues ſur Mademoiſelle Lucile,
„ en me plaçant chez ſon père : aucun au-
„ tre motif ne pouvait le porter à cette
„ conduite. En vous voyant tous les jours,
„ Mademoiſelle, je regrettai de ne pas
„ être ce que je paraiſſais : l'amitié la plus
„ tendre me parla pour vous : vous y ré-
„ pondîtes, & je jouiſſais d'un ſort plein
„ d'apas, lorſque Fiſiomon s'aviſa de ve-
„ nir troubler notre tranquilité. Sa pour-
„ ſuite fut vive & ſecrette : mon oncle l'i-
„ gnora;

„ gnora; ni mes parens, à qui je dis ce „ qui ſe paſſait, ni moi n'avions garde de „ l'en avertir : vous concevez dans quel „ embarras ç'aurait été nous mettre. Je ne „ conſultai perſonne pour vous ſauver; je „ jugeais de votre cœur par le mien, & „ Fiſiomon me feſait horreur. Nous avons „ fui, chère amie : J'étais pour vous auſſi „ tendre qu'un amant... On nous ſurprit : „ jugez de mon effroi! je vous vis ſur le „ point d'être deshonorée, ou livrée au „ tyran le plus hideux & le plus cruel : „ je vous aurais ſacrifié ma fortune, & „ j'aurais tout déclaré plutôt que de le ſouf- „ frir..... Mais, ſans en être réduite là, „ j'eus d'autres douleurs non moins amè- „ res à ſuporter : On ne ſavait ce que vous „ étiez devenue : que de larmes me fit ver- „ ſer l'inquiétude où j'étais ſur votre ſort!.. „ Votre père eut de l'indulgence pour moi, „ mais il m'ordonna de m'éloigner, & „ comme je vous l'ai dit, il me laiſſa l'ar- „ gent que nous avions emporté; il ne re- „ prit que vos bijoux & vos habits. Dès „ que je fus libre, j'employai notre hôteſ- „ ſe à vous chercher; je fis de mon côté „ mille démarches; tout fut inutile. Le „ ciel, je le vois, prit ſoin de vous. — Hélas ! dit Lucile en ſoupirant.... —„ Que

„ faire? Si je retournais chez mes parens, „ j'avais tout à craindre des poursuites de „ Fisiomon, & de la colère de mon on- „ cle : mon prétendu crime était public, „ & pour m'en justifier, j'aurais perdu ma „ fortune. Je m'engageai. L'être suprême, „ dont la bonté dirige tout pour notre „ bien, me fit rencontrer, sous un autre „ hémisphère, la vérité dont vous n'étiez „ pour moi que l'ombre. Heureuse! si son „ cœur ressemble au vôtre.... Je vous ai „ dit le reste. Les choses ont changé de- „ puis mon retour à Paris : la moitié des „ richesses du vieillard de la Martinique, „ qui m'est acquise, me met en état de „ me passer des bienfaits de mon oncle : „ Je me suis hâtée d'écrire à mes parens, „ ils doivent arriver aujourd'hui.

Lorsque la fidelle amie de Lucile eut cessé de parler, Durichemont lui sauta au cou sans façon. L'aimable amazone le repoussait : — Beau cavalier, lui dit Durichemont, tant que vous aurez cet habit, tout me devient permis avec vous : Allez en changer, pour recevoir les caresses de Lucile; car elle m'est si chère, que je serais jaloux de l'ombre même d'un galant. — Mademoiselle de Fumeterre pensait de même : puisqu'elle rougissait dès que sa généreuse amie lui parlait. La jeune Dangeot desirait trop vivement de rendre libre avec elle sa chère Lucile, pour vouloir différer : elle se hâta de retourner chez la bonne hôtesse, pour y prendre la parure qui lui convenait ; & pour d'autres raisons, qu'on verra dans le chapitre suivant.

CHAPITRE XXII.

Grande joie.

A peine elle était sortie, qu'on entendit dans la Cour le bruit d'une autre voiture. Le cœur battit violemment à Lucile : ses genoux se dérobaient sous elle : son oncle & son amant la virent pâlir. Dans le moment Monsieur & Madame de Fumeterre paraissent. Lucile jette un cri, & tombe évanouie à leurs pieds. Ces tendres parens ne se connaissent plus : ils s'empressent ; ils se troublent : Darglemont pleure, embrasse sa maîtresse : Madame de Fumeterre tire son flacon, le laisse tomber, & le brise : le vieillard d'Anville a seul le sens-commun ; il aporte un peu d'eau fraîche ; il en jette au visage de sa nièce, qui r'ouvre ſes beaux yeux, & voit fondre en larmes ceux dont elle craignait les reproches. Au lieu de la gronder, ils lui prodiguent les plus tendres careſſes : ——Mon cher papa, ma chère maman, leur diſait Lucile éplorée, me pardonnerez-vous tous les chagrins que je vous ai cauſés, hélas! malgré moi? ——Ne ſonge qu'à nous aimer, ma chère fille, lui répondirent-ils tous deux à la fois : nous avons oublié nos malheurs & les tiens. —Votre bonté me fait paraître plus coupable encore. ——Pour t'en rendre digne, il ne faut que partager notre joie : laiſſe-nous jouir, ſans nuages, du bonheur de te revoir. L'aimable fille ſe précipita dans leurs bras : —Oui, leur criait-elle d'une voix entrecoupée, diſpoſez de ma vie ; ôtez-moi, ſi vous le voulez, à cet amant que j'adore ; j'en mourrai, mais ſans murmurer. J'aimerais mieux vous obéir, que d'être heureuſe. Des ſentimens ſi vertueux étaient exceſſifs, & ſortaient des bornes ; mais Lucile les éprouvait : ils augmentèrent la joie de ſes parens ; ils firent honneur au vieillard d'Anville ; ils rendirent Durichemont plus heureux encore.

On avait à peine ſongé à l'oncle & à l'amant : Après avoir ſatisfait aux premiers mouvemens de sa tendresse pour sa fille, Madame de Fumeterre vint dans les bras de son frère : le plaisir de se revoir était vif & pur; ils en savourèrent toute la douceur. Durichemont fut à son tour aussi tendrement caressé que sa maîtresse. Les parens de Lucile le nommaient d'avance leur cher fils. On parla de ne remettre leur union qu'à quelques jours de-là. Cette assurance était nécessaire à Durichemont. La contrainte où Lucile le retenait depuis quelque tems, en augmentant son estime, avait fait croître son ardeur & ses desirs. On conduisit Monsieur & Madame de Fumeterre dans l'apartement qui leur avait été préparé : Lucile quitta celui de son oncle ; & ne voulut occuper qu'un coin de la chambre de sa mère, en attendant son mariage.

Tandis qu'on s'intérogeait, & qu'on se répondait mille fois la même chose, on annonça une compagnie de cinq personnes. Le vieillard d'Anville, & Durichemont avaient oublié de prévenir Monsieur & Madame de Fumeterre : quelle fut leur surprise de voir le père, la mère & l'oncle de Dangeot? Un jeune officier & une belle demoiselle les accompagnaient. On eut peine à reconnaître Mademoiselle Dangeot ;

elle était, sous l'habit de son sexe, presqu'aussi belle que son amie. Lucile vola dans ses bras, en la nommant sa chère, son aimable sœur. Tandis qu'elles se caressaient, Monsieur d'Anville instruisait en gros Monsieur & Madame de Fumeterre, & Durichemont fesait avec grâce les honneurs de chez lui. Les parens de Lucile ne pouvaient revenir de leur étonnement : ils se regardaient, levaient les yeux & les mains au ciel, & n'apercevaient seulement pas le jeune officier à leurs genoux. --- Chers auteurs de mes jours, leur cria-t-il, vous avez aujourd'hui recouvré une fille chérie, & le ciel permet que votre fils vous embrasse En même tems il s'élance dans leurs bras... Peindre quelle fut à ces mots l'émotion délicieuse, les transports, les mouvemens précipités, les cris de joie, les doux épanchemens de l'heureuse famille, j'avoue que cela n'est pas en mon pouvoir : Je laisse au lecteur honnête & sensible à se l'imaginer.

Lorsque l'on fut un peu remis, tous à la fois demandèrent au jeune de Fumeterre d'où il sortait, ce qui l'avait retenu si long-tems loin de sa patrie, comment il se trouvait avec Mademoiselle Dangeot &c. &c. &c. Il satisfit à tout par ordre. Il commença par leur aprendre qu'il avait été fait prisonnier au *Canada*, & renfermé dans un fort des colonies anglaises plusieurs années : Que s'en étant échapé, il était venu à la Martinique, fort mal équipé : Qu'à son arrivée, il fut mis en prison, & condamné à être pendu, pour un meurtre qui se trouva commis dans l'endroit où il débarqua : Que sa perte était d'autant plus sûre, qu'il avait pour accusateurs, les auteurs même du crime qui sacrifiaient un malheureux étranger à leur sureté : Que le jour où la sentence devait être exécutée, il fut visité par un jeune-homme qui s'intéressa vivement à lui sans le connaître, lui donna les moyens de se justifier, &, par le crédit d'un parent fort riche, le tira de ce mauvais pas ; que ce jeune-homme, c'était l'aimable Dangèot : Qu'après ce bienfait, il ne crut pas encore devoir se découvrir entièrement : mais il avoua qu'un je-ne-sai-quoi, plus fort que la reconnoissance, l'attachait à son libérateur, & qu'il fut ravi, lorsqu'il le vit prêt à quitter la Martinique, pour retourner en France : Qu'il ne s'était cependant pas ouvert davantage après leur arrivée à Paris : Mais que dans l'instant même, celui qu'il prenait pour son ami, ayant publiquement avoué son sexe, il avait senti que son bonheur dépendait d'en être toujours aimé; & qu'il était venu le premier lui rendre l'hommage dû à la beauté : Qu'il avait dit son nom, & que Mademoiselle Dangeot après une exclamation de surprise, avait cependant avoué en souriant, qu'elle le connaissait avant leur départ de la Martinique; qu'en même tems elle lui avait apris l'arrivée de ses parens, & qu'elle était amie de sa sœur. ——Jugez, ajouta-t-il, si j'ai desiré de l'accompagner!.... Malgré l'empressement de ma tendresse, j'ai différé de vous écrire, pour doubler votre joie, en ne le fesant qu'après avoir obtenu du plus aimé des Rois la recompense, je ne dis pas de la valeur, mais de mon zèle. Je porte, de ce matin, cette marque honorable d'un de ses ordres * : je me retrouve avec ce que j'ai de plus cher : toute ma famille est réunie par la plus heureuse des circonstances; car je vois bien que c'est à Monsieur (*en montrant Duricbemont*) que vous destinez ma sœur : Seront-ils les seuls qui doivent éprouver vos bontés, & refuserez-vous de demander pour moi cette aimable personne à ses parens?

* La Croix-de-saint-Louis.

Alors les deux familles, qui, depuis l'enlèvement de Lucile, s'étaient cruellement haïes, se jurèrent l'amitié la plus sincère & la plus tendre : Monsieur de la Marre assura tout son bien en faveur du mariage de sa nièce avec Fumeterre, & les deux alliances, furent arrêtées pour le même jour. Lucile & la jeune Dangeot ne pouvaient se lasser de s'entretenir ; l'amour & l'amitié les rendaient également heureuses.

Il ne s'agissait plus que de trouver la nièce du vieillard de la Martinique. On résolut de faire de nouvelles recherches dans l'après-dîner. On se mit à table. Chacun se plaça selon son inclination : Les pères & les mères, qui voulaient s'entretenir de leurs enfans, se raprochèrent ; le vieillard d'Anville & le bonhomme la Marre étaient auprès l'un de l'autre ; Lucile & Mademoiselle Dangeot ne se quittèrent pas ; leurs amans étaient à leurs côtés. Les aventures de l'aimable Dangeot occupèrent d'abord. On admirait le courage d'une fille jeune & belle : Monsieur d'Anville en était moins surpris que les autres : il disait, que les hommes & les femmes ayant la même âme, l'éducation seule mettait de la différence dans leur manière de penser ; que Mademoiselle Dangeot ayant reçu celle d'un jeune-homme, il n'était pas étonnant qu'elle en eût la résolution & les goûts. Le bonheur qu'elle eut de trouver ce vieux parent des isles intéressait également les deux familles; on s'en entretint long-tems. On voulut savoir quels étaient les indices qu'il avait donnés pour découvrir sa nièce: Mademoiselle Dangeot remit à ses parens les papiers du vieillard : —Il était de Paris, dit Monsieur Dangeot, en commençant à lire. Tout-à-coup on s'aperçut que le visage de Madame Dangeot, qui les parcourait avec lui, s'animait : —Ah! ma chère fille! s'écria-t-elle, jouis seule de toute ta fortune! Cette nièce du vieillard.... —Eh bien! dit le jeune Fumeterre? —Vous la voyez.... C'est moi-même : Il quitta Paris avant que je connusse Monsieur Dangeot; j'étais jeune & sans expérience, je le négligeai; il me perdit de vue, & jamais je n'entretins, ni mon époux, ni ma fille de ce parent. Vous savez, dit-elle à son mari, que votre famille & la mienne étaient alliées : c'est à ce titre qu'il l'a fait son héritière : il ignorait que des liens plus forts la raprochaient de lui. —Tout le monde fut encore plus surpris de ce nouveau coup du sort. Les deux amies remarquèrent, que toutes deux, sans le savoir, elles s'étaient trouvées entre les mains de leurs parens; & se firent de nouvelles caresses. —— Nous serons assez riches, dit Mademoiselle Dangeot à son amant, des bontés de mon oncle & de l'ample succession de celui de ma mère : Laissez à votre sœur toute la fortune sur laquelle elle pouvait compter avant votre retour : je l'exige. On aplaudit à ce trait de générosité; & malgré Lucile & Durichemont, qui s'y oposaient, on arrêta cet article.

On n'aimait pas à jouer; on regardait cette occupation grave & frivole, comme un anéantissement anticipé. Cependant on était libre pour le reste du jour. Le vieillard d'Anville voulut procurer à sa sœur le plaisir du spectacle, à son beaufrère la vue d'un tableau toujours enchanteur, à sa nièce un exemple, à Durichemont une leçon utile & touchante. Il les conduisit tous au *Préjugé-à-la-mode*. Jamais Madame de Fumeterre n'avait vu, ni lu de pièce de théâtre : Celle-ci l'intéressa vivement dès le premier acte : ——Ma fille, disait-elle à la jeune Dangeot, on croit ces gens-là damnés; cependant ils m'ont édifiée. On ne fait aparamment pas attention qu'ils peignent le bien qu'on devrait faire ? Dans les entr'actes, elle jetait un coup-d'œil ſur le cercle brillant des dames, qui l'environnaient : Une, ſur-tout, la frappa, moins par ſes grâces, que par un air affable & ouvert auquel on ne pouvait refuſer ſon cœur. Elle demanda ſon nom. — C'eſt, lui dit l'amant de Lucile, Madame la Comteſſe d'E**. — Qu'elle eſt bien ! dit le jeune de Fumeterre. — Mon ami, reprit Durichemont, ſon caractère & ſon eſprit répondent à ſon éblouiſſante beauté ; elle ne doit l'hommage de tous les cœurs qu'à ſes qualités eſtimables ; & rien à ſon illuſtre naiſſance : ces grâces, cette ſéduiſante figure, ſont un avantage auquel elle ſonge à peine ; elle n'en a pas beſoin pour ſe faire adorer. Ce témoignage fut aplaudi de ceux qui rempliſſaient les loges voiſines. Lucile diſait : ——— Qu'elle eſt heureuſe ! on la loue, lorſqu'on eſt ſûr qu'elle ne l'entend pas !

La pièce finit ; & Madame de Fumeterre était dans l'enthouſiaſme, Lucile plus éclairée ſur ſes devoirs, Durichemont plus tendre. Il répétait à ſon amante, d'un ton plein de feu :

Non, il n'eſt point d'état plus heureux dans la vie,
Pour ceux que la raiſon & l'amour ont unis !
L'hymen ſeul peut donner des plaiſirs infinis ;
On en jouit ſans peines & ſans inquietude ;
On ſe fait l'un pour l'autre une heureuſe habitude

D'égard, de complaisance, & des soins les
plus doux,
S'il est un sort heureux, c'est celui d'un époux
Qui rencontre à la fois dans l'objet qui l'enchante
Une épouse chérie, une amie, une amante,
Quel moyen de n'y pas fixer tous ses desirs ?
Il trouve son devoir dans le sein des plaisirs.

Lucile lui répondit : —Mais

Votre Empire commence où le *nôtre* est détruit.

A cette pièce succéda le *Moulin-de-Javelle.* Madame de Fûmeterre ouvrait de grands yeux, & regardait autour d'elle, aparamment pour s'assurer si l'on était encore dans le même lieu. Tout l'en convainquit. —*Hélas!* dit-elle en soupirant, *voilà, sans doute, ce qui les met au rang des réprouvés !* En revenant, Lucile fit part de ses réflexions à son oncle & au jeune Durichemont : —Je reconnais, leur dit-elle, avec vous, que le théâtre français est l'école de la vertu; mais il faut l'épurer.

CHAPITRE XXIII.

Où les méchans sont punis.

DÈs que la nouvelle du prompt départ de Monsieur & Madame de Fumeterre pour la capitale, fut parvenue aux oreilles de Fisiomon, il présuma que Lucile pouvait seule causer ce voyage : Il résolut de les suivre à leur insçu, & de découvrir tout ce qu'il pourrait pour se venger de la haîne de cette jeune personne, & des mépris de ses parens. Il prit la poste ; & le même jour qu'eux, il arriva dans Paris. Cependant il ne put les découvrir : il ne connaissait pas même les noms de Durichemont & du vieillard d'Anville : Il ne perdit point courage ; & courut du soir au matin chez toutes les connoissances de Monsieur de Fumeterre : le tout en vain. Les parens de Lucile s'étaient proposés de marier leurs enfans dans une terre de Durichemont, à quelques lieues de la ville, & de ne présenter leur fille dans le monde qu'avec son époux. Cette précaution déconcerta tous les mauvais desſeins de Fiſiomon ; il ne ſut rien, il n'aprit rien. Il ſe dédommagea de ces contretems, en ſe plongeant dans la plus ſale débauche.

Son gout pour les plaiſirs faciles, le conduiſit chez la Courton. L'éclat de ſa bourſe éclipſa ſa laideur, mais il ne fit pas diſparaître le danger. Le tendron que lui proſtitua l'infâme apareilleuſe n'était pas novice : elle communiqua à l'indigne interprête des loix le poiſon qui circulait dans ſes veines. Il ne s'en aperçut pas tout-d'un-coup...... Eloignons ces dégoutantes images, en attendant qu'il ſorte de ſa ſécurité : l'inſtant fatal qui doit l'éclairer n'eſt pas loin.

Dans les bras de ſes parens, au milieu de leurs careſſes, Lucile, en préſence de Durichemont, leur confeſſait toutes ſes fautes : En leur feſant connaître tout ce qu'elle devait à ſon amant, elle les vit frémir du danger qu'elle avait couru. Madame de Fumeterre, fondante en larmes, preſſait Durichemont contre ſon ſein, & lui diſait : —— Mon cher fils ! ah ! ſans toi je n'avais plus de fille ! c'eſt toi qui l'as ſauvée ; elle eſt ton bien ; elle doit toute ſa vie te regarder comme ſon père & ſon époux : & toi, mon cher fils, traite-la comme une fille que t'ont donnée tes ſoins, ta tendreſſe & tes bienfaits.

Monſieur & Madame de Fumeterre voulurent accabler de reproches & faire trembler l'indigne Courton : ils ne crurent pas à propos de l'envoyer chercher, & que Lucile la revit. Ils prièrent Durichemont de les conduire chez elle. Lorſqu'ils y arrivèrent, elle était en converſation avec ce vieux Comte dont j'ai déjà parlé. On les pria d'attendre un moment. Ils furent conduits dans une pièce voiſine de celle où s'entretenait l'apareilleuſe & le griſon débauché.

—Je conviens qu'il n'en aurait été ni plus ni moins (diſait la Courton, qu'ils entendirent facilement :) puiſque le jeune-homme l'a priſe ſans examen ; & que ma penſion me fut aſſurée avant qu'elle me quittât. Je puis vous jurer que c'eſt la première fois qu'une fille eſt ſortie de chez moi, comme elle y était entrée : & vous ſavéz que cette jolie blonde, qui n'y paſſa qu'une nuit, ne vous échapa pas ; quoique le lendemain j'aie fait mille ſermens à ſon père que perſonne ne l'avait touchée. Il fallait que celle-là eût un aſtre heureux qui veillât ſur elle : C'eſt la ſeule bonne action que j'aie faite depuis trente ans ; je ne croyais pas avoir à m'en repentir. —C'était me manquer eſſenciellement, reprenait le le comte ; à moi qui dépenſe chaque année cinq cens louis avec vous.... Une fille comme celle-là! ——J'ai tort, & vous voyez mes regrets. — Pas un moien de l'engager à revenir, ne fut-ce qu'une ſeule fois?.... Voyez, parlez, tentez, préſentez l'apât du gain : Je ſacrifierai mille louis, s'il le faut, & je vais vendre une de mes terres. Votre fineſſe ordinaire, vos fourberies, tout cela ne peut-il vous ſervir? —J'y réve.... L'amant m'a congédiée; je ne ſaurais reparaître devant lui... La jeune perſonne.... On l'aura ſûrement indiſpoſée contre moi.... Je ne vois qu'un moyen —Eh! quel eſt-il? —De l'enlever. —S'il n'en eſt point d'autre, il faudra bien en venir-là : mais, concevez-vous quel plaiſir ce ſerait d'avoir à ſa diſpoſition, ne fut-ce que pour une heure, une fille honnête, aimée d'un autre, qui la croit ſage : de. . . . .

. . . .

Le vieux ſcélérat dit ici des choſes auſquelles mon imagination refuſe de ſe prêter, & que ma plume n'oſerait écrire. Monſieur & Madame de Fumeterre s'éloignèrent vers une croiſée pour n'en pas entendre davantage : Et le jeune Durichemont leur diſait : —Voyez comme le ciel ſe ſert de tout pour nous convaincre que votre chère fille a ſa première innocence ; tout rend témoignage à ſa vertu. Monſieur & Madame de Fumeterre ſourirent : Outre la joie qu'ils éprouvèrent, ils étaient charmés que Durichemont eût fait cette réflexion de lui-même. Tout-à-coup les parens de Lucile ſe dirent : — que feſons-nous ici ? Nous allons parler à une malheureuſe qui ne nous entendra pas : c'eſt au ſage magiſtrat dont les ſoins infatigables purgent cette grande ville de ſcandales, qu'il faut nous adreſſer. Sortons. En prononçant ces mots, ils fuient tous trois, s'élancent dans leur voiture, courent à toute bride, & croient s'éloigner trop lentement encore de cette demeure infâme.

Les gens de bien ne doivent avoir avec les méchans que le moins de relation qu'il eſt poſſible, même lorſqu'il s'agit de les faire châtier. Dans la claſſe des ſcélérats, il s'en trouve qui vengent le public & les honnêtes gens. Ce fut Fiſiomon qui diſpenſa Monſieur & Madame de Fumeterre de ſe plaindre de la Courton. Dès qu'il s'aperçut de l'ignominieux préſent qu'il avait reçu chez elle, il devint furieux, jura qu'il en tirerait vengeance, & tint parole. Pour débarraſſer tout-d'un coup mon lecteur de ces odieux perſonnages, j'anticiperai ſur l'ordre des évènemens.

Tandis que Durichemont, le jeune Fumeterre, & l'aimable Dangeot ſe rejouiſſaient d'avoir détourné Lucile d'une réſolution généreuſe & funeſte tout-à-là fois, Fiſiomon en proie aux plus vives douleurs, s'achemine vers le temple de ſes plaiſirs, & ne ſe propoſe rien moins que de renverſer l'idole & l'autel. En entrant, le premier objet qui s'offre à ſa vue, c'eſt le jeune tendron qui l'a reçu dans ſes bras : elle vient l'embraſſer en minaudant. Fiſiomon répond à ſes avances par un ſoufflet, & par d'autres gentileſſes du même genre. La Courton accourt au bruit. Ah ! c'eſt toi, infâme, s'écrie-t-il, tu vas recevoir le ſalaire que tu mérites. Il tire ſon épée (car ce préſident en portait une, lorſqu'il était à Paris) il attint la malheureuſe qui fuyait, & la punit, par le coup le plus lâche, mais digne d'elle & de lui. Après cet exploit, Fiſiomon voulut ſortir. Les cris des filles avaient excité ceux du peuple ; la garde arrive : on ſe ſaiſit du meurtrier ; il eſt conduit en priſon. Dans cette extrêmité, Monſieur de Fumeterre eſt inſtruit de ſon ſort; il a l'humanité de voler à ſon ſecours, & d'employer ſes amis & ceux du criminel : On obtint ſa grâce : mais la famille ſeule en profita ; ſon mal ; le trouble que lui cauſa ſon forfait ; les incommodités de la priſon le conduiſirent en peu de jours au tombeau ; & le monde fut tout-à-la fois délivré de l'indigne Courton & d'un méchant homme.

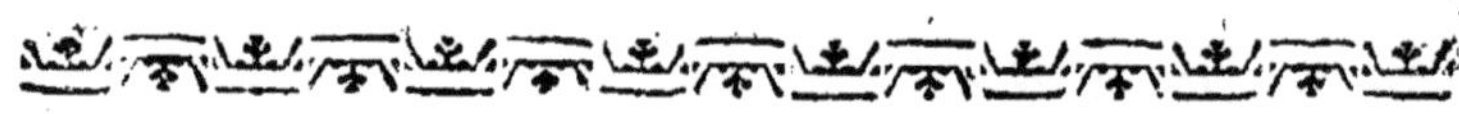

CHAPITRE XXIV.

Le plus important de tous.

TOUT était prêt pour l'union des quatre jeunes amans : on ſe rendit à la campagne, & le lendemain, le ſoleil, en ſortant du ſein des ondes, devait éclairer leur bonheur. Depuis qu'on était arrivé dans le château, Lucile avait diſparu. Mademoiſelle Dangeot, Durichemont & le jeune de Fumeterre la cherchaient, ſans la trouver : On ſe trouble, on s'inquiéte ; tout le monde eſt en allarmes : une jeune fille du concierge indiqua l'endroit où l'aimable Lucile s'était retirée. C'était dans un petit pavillon au milieu du jardin. On y court, on y vole... La belle, la touchante Lucile, aſſiſe, & le viſage couvert de ſes mains, fondait en larmes. Son amant jète un cri, embraſſe ſes genoux, lève les yeux ſur elle, veut lui parler... Sa langue glacée refuſe d'articuler les ſons. ——Chère amie, lui dit la jeune Dangeot, quel ſujet fait couler tes larmes? Nous étions tous ſi heureux tantôt! Sont-ce de nouveaux malheurs, que nous ignorons? Ah! ne crains rien : quelque choſe qui ſoit arrivée, tu es eſtimable par tes ſentimens, & tu le feras toujours. —Non, mon amie, reprit Lucile, en ſanglotant, je ne ſaurais être heureuſe.. ——pouvez-vous le penſer, divine amante, s'écria Durichemont, qui s'était un peu remis! Vous m'aviez aſſuré que mon amour, mon reſpect, mon eſtime feraient votre félicité; que l'idée que vous pouviez me rendre heureux, vous cauſait le plus doux des ſentimens : Ma Lucile! ne vous ſuis-je donc plus cher? ——Ah! Durichemont! vous me l'êtes plus que jamais... Je vous aime, oui.... plus mille fois.... que moi-même & que mon bonheur. Mais, cher amant, quand j'ai cru pouvoir faire le vôtre; quand vous l'avez penſé, nous nous abuſions tous deux...... —Ciel! que me dites-vous! —La vérité. Lucile, en devenant votre épouſe, vous ferait partager ſon deshonneur. —Ceſſez de me déchirer..... Lucile! —Un cloître doit cacher votre Lucile. Elle y pleurera bien moins ses fautes peut-être que son amant! les sanglots suffoquaient Durichemont. La jeune Dangeot répondit à son amie : —Cruelle! pouvez-vous l'affliger ainsi, & nous desespérer tous! Quelle est donc cette nouvelle idée, & qui peut l'avoir fait naître? —En arrivant ici, un trait de lumière m'a frapée : J'ai vu mille abîmes ouverts sous les pas de Durichemont & sous les miens. Qui! toi! me disait une voix secrette, malheureuse, destinée par un infâme à devenir la victime de la brutalité des hommes, tu serais l'épouse du mortel le plus aimable, le plus tendre, le plus généreux!.. Non! tu ne le mérites pas. Tu te reprocherais d'être un serpent qu'il aurait échauffé dans son sein. J'ai cédé, mon amie, à ces cris intérieurs. —Lucile! reprit l'aimable Dangeot, & vos parens? Vous allez faire mourir votre mère de douleur.... Vous ensevelir dans un cloître! vous! Tandis que vous devez être mère de famille, vous rendre inutile à la société, à vous-même, & cruelle pour ceux qui vous chérissent! Ah! Lucile, répare-t-on ses imprudences par un crime! —Vous voulez ma mort, lui disait Durichemont : quelle récompenſe de vous avoir ſi tendrement aimée!..... Dans ce moment, Monſieur & Madame de Fumeterre, le vieillard d'Anville, le père & la mère de Mademoiſelle Dangeot parurent. Lucile ſe précipite aux genoux de ſes parens. ——Cher papa, ma tendre mère, leur dit-elle, le ciel vous a rendu votre fils : qu'il jouiſſe de vos bontés ; il en eſt digne : Pour moi il ne me reſte qu'à gémir, dans la ſolitude, de ne pas mériter le nom de votre fille, & le titre, (ſi doux pour mon cœur!) d'épouſe de Monſieur Durichemont. Je me ſouviens des avis que mon oncle me donna, avant de me connaître : ils étaient dictés par la raiſon & la prudence. Un jour, cette vive paſſion que mon amant & moi reſſentons, s'amortira, s'éteindra peut-être entièrement dans mon époux : Alors il ne verra plus dans ſa compagne, qu'un femme d'une vertu douteuſe, dont l'innocence peut avoir été pluſieurs fois ignominieuſement ſouillée durant un ſéjour de ſix mois chez une infâme.... Cette idée eſt déchirante : elle m'arrache des larmes amères...... Eh! qui l'empêche même encore de regarder ces pleurs, comme une feinte criminelle!.... —Ah! Lucile, s'écria Durichemont, ſont-ce là toutes vos craintes? ...... Je ſuis heureux, ſi je n'en ai pas d'autres à combattre. —N'en est-ce pas trop encore? La mère de vos enfans ne ferait pas sans tache aux yeux de son ép.... —Parlez, Monsieur, parlez, dit vivement Durichemont, en s'adressant au père de Lucile : Vous savez tout : aprenez lui...... —Ecoute-moi, ma chère fille, dit Monsieur de Fumeterre : Ta délicatesse, si tu ne la pousses pas trop loin, est une vertu de plus; Te rendras-tu, si nous te disons que ton amant & nous-mêmes, avons entendu ta justification, d'une bouche, qui, dans cette occasion, ne pouvait être suspecte? Et sur le champ, il répéta ce qu'ils avaient ouï chez la Courton. Un aimable sourire se traça sur le visage de Lucile; elle tendit la main à Durichemont transporté : Mademoiselle Dangeot pleurait de joie : Le vieillard d'Anville fut déchargé d'un pesant fardeau : il se plaignit de ce qu'on ne l'avait pas instruit d'une découverte si intéressante. —Monsieur Durichemont vous la gardait pour augmenter votre joie le jour de son mariage, lui répondit Monsieur de Fumeterre.

Alors on ne songea plus qu'à la joie. Le tendre Durichemont & l'estimable Lucile se prodiguèrent les plus douces caresses. Ils n'attendirent pas seuls le lendemain

avec

avec impatience. La jolie Dangeot, & le jeune de Fumeterre le desiraient aussi vivement qu'eux. Enfin il brilla ce jour, où les deux aimables couples marchèrent ensemble à l'autel, & se lièrent par des sermens sacrés. Après avoir donné la main & sa foi à son cher Durichemont, Lucile eût desiré qu'un huitieme sacrement rendit les liens de l'amitié indissolubles comme ceux de l'amour : elle n'aurait pas hésité à former ce nœud avec la tendre Dangeot devenue sa sœur.

FIN.

www.ingramcontent.com/pod-product-compliance
Ingram Content Group UK Ltd.
Pitfield, Milton Keynes, MK11 3LW, UK
UKHW020317180726
13839UKWH00001B/482